조선이 낳은
그림 천재들

재미있게 제대로 11

조선이 낳은 그림 천재들

조정육 글

1판 1쇄 펴낸날 2007년 12월 5일 | **1판 11쇄 펴낸날** 2018년 8월 31일
펴낸이 이충호 | **펴낸곳** 길벗어린이㈜ | **등록번호** 제10-1227호 | **등록일자** 1995년 11월 6일
주소 04000 서울시 마포구 월드컵북로 45 에스디타워비엔씨 2F
대표전화 02-6353-3700 | **팩스** 02-6353-3702 | **홈페이지** www.gilbutkid.co.kr
편집 권혁환 | **편집1팀** 송지현 최미라 | **편집2팀** 이은영 김은정 임하나 | **디자인** 김연수
마케팅 유소희 김서연 김형주 황혜민 손성문 | **총무·제작** 최수용 손희정 임희영
ISBN 978-89-5582-076-8 73600

글 ⓒ 조정육 2007
이 책은 저작권법에 따라 보호받는 저작물이므로, 저작권자와 길벗어린이㈜의 허락 없이는 이 책의 내용을 쓸 수 없습니다.

이 책의 국립중앙도서관 출판예정도서목록(CIP)은 서지정보유통지원시스템 홈페이지(http://seoji.nl.go.kr)와
국가자료공동목록시스템(http://www.nl.go.kr/kolisnet)에서 이용하실 수 있습니다. (CIP 제어번호 : CIP201320050409)

• 그림 제목들은 어려운 한자가 많아서 국립중앙박물관에서 정리한 '미술사전시용어 개선 사례'를 따라
  한글 이름으로 바꿔 달았습니다. 혼란을 막기 위해 알려진 한자 이름도 함께 적어 두었습니다.

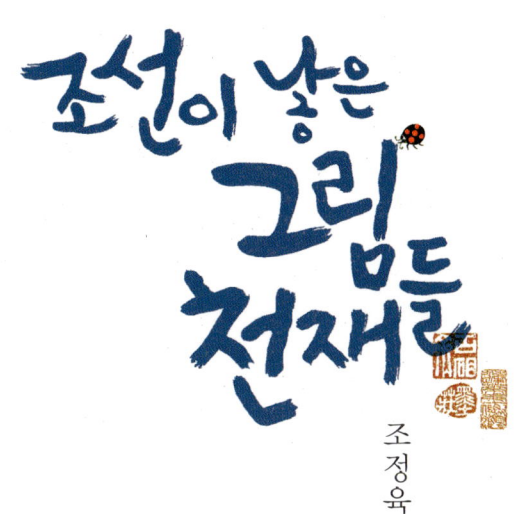

조선이 낳은 그림 천재들

조정육 글

길벗어린이

머리말

우리 화가들과의 특별한 만남

화가는 무엇 때문에 그림을 그릴까요? 화가에게 그림은 어떤 의미일까요?

안견은 그림을 그리기 위해 자신을 키워 준 안평대군을 멀리해야만 했습니다. 신사임당은 남자들처럼 마음대로 활동할 수 없는 약점을 원망하지 않고 여자만이 그릴 수 있는 섬세하고 정감 어린 그림을 남겼지요. 김명국은 가난했기 때문에 일본에 갔을 때 인삼을 몰래 팔려다 들켜 혼쭐이 났지만 워낙 그림을 잘 그려서 두 번이나 일본에 다녀왔어요. 윤두서는 당시 권력을 쥐지 못한 남인이었기 때문에 높은 벼슬을 할 수 없어 고향으로 내려갔지만 오히려 그 때문에 깊은 정신을 느낄 수 있는 그림을 그렸어요.

역적의 후손이라는 손가락질을 당하면서도 오로지 그림만 그린 **심사정**은 조선 최고의 문인 화가가 될 수 있었고요, 권력층의 전폭적인 지지를 받으며 풍족한 생활을 했던 **정선**은 거기에 만족하지 않고 정진을 거듭해 진경산수화의 세계를 완성했어요. 또 정조대왕의 자랑이었고 조선을 대표하는 위대한 예술가, **김홍도**는 말년에 가난에 시달리다 아무도 모르게 세상을 떠났어요. 양반들을 풍자하고 기생과 여자 그림만 많이 그린 **신윤복**은 도화서에서 쫓겨났지만 자신의 작품 세계를 바꾸지 않았어요. 명문 집안에서 태어나 최고의 권력을 누리던 **김정희**는 제주도에 유배를 당했지만 오히려 글씨를 더 잘 쓰게 되었고, 어렸을 때 떠돌이로 자란 **장승업**은 평생

술을 좋아하고 집도 없었지만 그림에서만은 치열함을 잃지 않았지요.

    이 책에는 평생을 그림에 사로잡혀 살았던 그림 천재 열 사람의 인생과 고민이 담겨 있어요. 출생도 환경도 다 달랐지만 그림에 대한 열정만은 꼭 닮아 있는 열 사람. 너무나 매력적인 이 사람들을 여러분이 쉽게 만날 수 있도록 소설처럼 꾸몄지만, 지금까지 밝혀진 사료들을 꼼꼼히 살펴서 썼습니다. 물론 신윤복처럼 자료가 거의 남아 있지 않은 작가는 그림을 해석하는 방법으로 이야기를 만들기도 했지만 눈 밝은 여러분이라면 금세 알아차릴 거예요.

    그림에는 한 사람의 인생과 생각이 담겨 있고, 나아가 그가 살았던 시대도 담겨 있지요. 이 글을 읽고 책을 덮을 즈음이면 열 명의 그림 천재들을 마음 깊이 이해하게 되고 그들이 남긴 그림들을 새삼 다시 보게 될 것입니다. 그리고 알게 될 거예요. 나도 그들처럼 사랑해야 된다는 것을. 내 인생을 걸고 사랑해야 될 그 무엇이 이 세상에 있다는 것을. 자, 이제 내가 사랑해야 될 사람과 그 무엇을 찾아서 길을 떠나 볼까요?

글쓴이 조정육

차례

우리 화가들과의 특별한 만남 · 4

안견 조선의 그림을 열다 · 8

신사임당 풀과 벌레도 귀하게 그리고 · 28

김명국  붓질 한 번에 한 세계가 완성되고 · 46

윤두서 꼿꼿한 정신을 그림에 담아 · 66

정선 우리 땅과 우리 사람을 그리다 · 86

108 · 불행에서 명작이 나오다

126 · 위대한 시대가 천재를 낳다

148 · 그림에 색을 입히다

168 · 조선의 글씨를 천하에 세우다

186 · 술에 취하고 그림에 취하고

206 · 그림 목록

조선의 그림을 열다

안견 安堅 | ? ~ ? 세종~예종 | 호는 현동자 玄洞子, 주경 朱耕

조선 초기 대표 화가. 안평대군이 소장하고 있던 명화를 바탕으로, 앞선 그림풍을 받아들여 자신만의 독창적인 그림 세계를 이룩하였다. 세종대왕의 셋째 아들로, 풍류와 멋을 알고 예술을 진심으로 사랑했던 안평대군 주위에는 늘 예술을 사랑하는 사람들로 북적였다. 대군은 특히 안견과는 '바늘과 실'처럼 이야기되는 사람으로, 안견이 그림을 잘 그릴 수 있도록 지원을 아끼지 않았다. 그러나 형인 수양대군(세조)과 맞서 싸우다 강화도에 유배되어 젊은 나이(36세)에 세상을 떴다.

안견의 확실한 작품으로는 〈몽유도원도〉가 있고, 그의 작품이라고 전해지는 〈사계절 산수〉 등이 있다. 안견의 산수화풍은 훗날 우리 화가들뿐만 아니라 일본에까지 영향을 끼쳤다고 한다.

내 꿈을 그려 줘야겠네

1447년 음력 4월 21일, 안평대군 29세

"어젯밤에 꿈을 꾸었네."

새벽부터 안견을 불러 놓고 한동안 말이 없던 안평대군세종의 셋째 아들, 1418~1453이 드디어 입을 열었습니다. 그런데 갑자기 꿈 이야기를 꺼냅니다.

"꿈속에 박팽년과 함께 어느 산 아래에 도착했네. 아주 신기하게 생긴 산이었지. 뒷동산같이 낮은 산을 건너가 보니 갑자기 눈앞에 절벽처럼 거대한 바위가 나타나 앞을 가로막지 않겠나. 어찌나 높고 험하던지 마치 바위가, 저 벽 너머에는 다른 세상이 있으니 여기서부터는 아무나 못 들어간다고 호령하는 것 같았네."

여기서 잠시 이야기가 끊겼습니다. 담담하게 지난 밤 꿈 이야기를 하는 안평대군 얼굴에는 아무런 감정이 묻어 있지 않았습니다. 안견은 갑자기 안평대군이 낯설었습니다. 평소 좋은 그림을 보면 떨 듯이 기뻐하며 흥분하던 그 사람이 아니었지요. 눈동자를 담장 밖에 서 있는 느티나무에 고정시킨 채, 다음 말이 생각나지 않는 듯 멍한 표정이었습니다. 이 방 안에 안견이 함께 있다는 것조차 잊어버린 듯 했습니다. 안견은 다음 말을 기다리면서 침을 꼴깍, 삼켰습니다.

"고집스럽게 우리를 거부하는 듯한 바위틈을 벗어나 한참을 들어가니 깊은 골짜기가 나오고, 길이 여러 갈래로 갈라지지 않았겠나. 어디로 갈까, 망설이고 있는데 마침 어떤 사람이 지나가더군. 그래서 여기가 어디쯤이냐고 물었더니, 북쪽으로 조금만 더 올라가면 거기가 바로 복숭아밭이라는 게야. 또 다시 박팽년과 나는 말을 채찍질하여 울뚝불뚝한 산벼랑 사이를 달려 시냇물을 건넜지. 그런데 말이야. 깎아지른 듯한 절벽 옆으로 경치가 얼마나 황홀하던지 혼을 쏙 빼놓는 것 같았네."

'꿈속에 멋있는 곳을 여행했다는 이야기로구나. 그런데 설마 그

조선이 낳은 그림 천재들 11

얘기를 하려고 새벽부터 달려오라고 하신 걸까?'
안견은 이야기에 귀를 기울이며 가만히 생각합니다.
"얼마쯤 달렸을까. 시냇물이 돌고 돌아 거의 백 굽이로 휘어지더니 드디어 길이 끝나는 지점이었지. 갑자기 넓은 마을이 펼쳐지는데 온 천지에 복숭아꽃이 가득 피어 있는 게 아닌가. 바람벽처럼 치솟아 있는 산 속에 구름과 안개는 자욱하게 내려 앉았고, 그 사이로 붉은 노을처럼 피어 있는 복숭아꽃을 상상해 보게……. 그 아름다움을 어찌 다 말로 표현할 수 있겠는가."
안평대군은 느티나무를 바라보던 눈길을 거두어 더 먼 곳으로 옮겼습니다. 안개가 휘감고 있는 나무 꼭대기 너머를 망연히 바라보는 모습이 마치 그곳에 복숭아꽃이 피어 있기라도 한 것 같았습니다. 안견은 안평대군의 눈 속으로 노을빛 복숭아꽃이 날아 들어가는 듯한 착각을 일으켰습니다. 둘 다 한동안 말이 없었습니다.
"복숭아꽃 향기에 취해 정신없이 걷고 있는데, 어느 순간 옆을 보니 최항과 신숙주도 와 있더군. 우리 모두 말이 없었지."
이야기가 계속될수록 달콤하면서도 새큼한 복숭아꽃 향기가 방 안에 낭자하게 퍼지는 것 같았습니다. 원래 시를 좋아하고 풍류를 사랑하는 안평대군이 꿈속에 본 복숭아꽃을 몹시 자랑하고 싶었나 봅니다. 예술가의 마음을 예술가만큼 잘 알아줄 사람은 없으니까요. 그런 줄로만 알았습니다.

"그런데 참 이상도 하지. 신선이 살 것처럼 아름다운 곳에 왜 사람이 하나도 보이지 않았는지 말이야. 더구나 나는 대궐 안에 있는 사람인데 어찌 꿈이 산림에 이르렀을고……. 날마다 문지방이 닳도록 드나들던 사람들은 다 어디로 가고 없었는지 몰라…….."

서늘한 표정으로 혼잣말처럼 중얼거리던 안평대군은 머지않아 다가올 자신의 비참한 운명을 예감하는 것 같았습니다. 예술가의 직감력이란 무서운 것입니다. 얼마 지나지 않아 이 예감이 그대로 맞아들었기 때문입니다.

1450년 2월, 세종대왕이 승하하신 후 세자인 문종이 왕위에 올랐습니다. 그러나 허약했던 문종은 2년 3개월 만에 세상을 떠났습니다. 원래 조선시대에는 큰 아들이 왕위를 물려받게 되어 있었으니, 문종의 동생이었던 수양대군과 안평대군은 아무리 똑똑해도 왕이 될 수 없었지요. 그래서 1453년 5월, 문종의 아들인 단종이 열두 살 나이로 왕위에 올랐습니다.

어린 왕이 정치를 하자 왕권이 흔들리기 시작했습니다. 그러자 정권에 욕심이 컸던 수양대군은 왕을 지킨다는 명목으로 난을 일으켜서 안평대군과 그의 아들을 죽이고 권력을 잡았습니다. 이때 김종서, 황보인 등 안평대군을 따르는 사람들도 함께 죽였지요. 이에 생명의 위협을 느낀 단종은 2년 만에 왕위를 수양대군에게 넘겨주고 상왕*왕의 자리를 물려주고 들어앉은 임금*이 되었습니다. 이 수양대군이 바로 세조입니다.

　얼마 후 성삼문, 하위지, 이개, 박팽년, 유성원, 유응부 등은 단종을 다시 왕으로 앉히려는 '단종 복위 운동'을 하다가 발각되어 처형을 당합니다. 그래서 사람들은 이들의 충절을 기려서 '사육신'이라고 불렀습니다. 또 죽지는 않았지만 평생 세조에게 협조하지 않고 절개를 지킨 여섯 사람, 김시습, 원호, 이맹전, 조려, 성담수, 남효온 등은 '생육신'이라고 불렀지요.

　반면에 정인지, 신숙주, 최항, 한명회 등은 안평대군에게 등을 돌리고 세조를 도왔습니다. 한때는 모두 안평대군과 평화롭게 지냈던 사람들이었습니다. 같은 방에 앉아 그림을 이야기하면서 함께 껄껄 웃었던 이들이었지요. 그런데 안평대군 꿈속에 함께 있었던 박팽년은 사육신이 되었고, 최항과 신숙주는 그를 배신했습니다. 평소에 안평대군 곁에 있었던 수많은 사람들, 그들을 꿈속에서 볼 수 없었던 것은 마치 얼마 후 사람들이 전부 그를 떠나는 상황을 암시하는 것이나 다름없었습니다.

　말을 마친 안평대군은 다시 꿈속으로 들어간 듯한 표정이 되었습니다. 그 순간 도대체 스물아홉 나이가 믿겨지지 않을 정도로 늙어 보였습니다. 이제야 비로소 안견은 안평대군이 자신을 왜 불렀는지 알았습니다. 안평대군은 너무도 생생한 꿈을 잊고 싶지 않았던 것입니다. 어쩌면 곧 사라지게 될 꿈 같은 시간을 붙잡고 싶었는지도 모름니다.

복숭아꽃을 주제로 한 그림은 오래 전부터 화가들이 즐겨 그리던 것이었습니다. 복숭아꽃에 관한 이야기는 중국 진나라 때 도연명365~427이 지은 ≪도화원기≫라는 책에 나와 있지요.

무릉에 사는 한 어부가 복숭아꽃이 떠내려 오는 강을 따라 배를 저어 가다가 길을 잃었습니다. 이리저리 헤매다 큰 동굴 앞에 다다랐는데 거기서 어부는 복숭아꽃이 가득 피어 있는 평화로운 마을을 만났습니다. 그곳은 근심 걱정이라고는 전혀 없는 극락 같은 곳이었지요. 마을 사람들은 수백 년 전에 전쟁을 피해 이곳으로 들어와 살게 되었다고 합니다. 어부는 극진한 대접을 받으며 꿈 같은 시간을 보내다가 집 생각이 나서 돌아가겠다고 말했습니다. 이곳에 대해서는 절대 말하지 않겠다고 약속했지요. 그러나 어부는 약속을 어기고 그곳에서 나올 때 곳곳에 표시를 해 두었지만, 이후로 다시는 그 장소를 찾을 수 없었다고 합니다.

도연명이 ≪도화원기≫를 쓴 이후 '복숭아꽃이 핀 곳' 이란 뜻의 '무릉도원' 은 '근심 걱정이 없는 극락' 과 같은 곳으로 알려졌습니다. 무릉도원은 극락이고 천국이며 유토피아고 행복만이 있는 곳입니다. 이 이야기는 많은 예술가들에게 영감을 주어 시와 그림의 주제가 되었습니다.

안평대군이 꿈속에 무릉도원을 가게 된 것도 아마 그 이야기를 잘

몽유도원도 · 꿈속에 여행한 복사꽃 마을 ● 1447년 | 38.7×106.5㎝ | 비단에 엷은 색

어느 날 안평대군은 안견을 불러서 자신이 꾼 꿈을 그려 달라고 말했습니다. 안견은 3일 밤낮을 쉬지 않고 그려서 그림을 완성했습니다.

그림에는 안평대군이 직접 쓴 그림 제목과 그림을 그린 사연, 그리고 신숙주, 이개, 정인지, 김종서, 성삼문, 서거정 등 당시 최고의 지식인들이 그림을 찬양하여 쓴 글이 이어져 있습니다. 두 개로 나뉜 그림 두루마리의 전체 길이는 약 20m에 달하고, 그림뿐 아니라 뛰어난 글과 글씨가 더해져서 조선 초기 최고의 걸작으로 평가되고 있습니다.

알고 있었기 때문일 겁니다. 또 굳이 새벽부터 불러 꿈 이야기를 한 것은 안견이라면 자기 얘기를 알아듣고 충분히 마음에 드는 그림을 그려 줄 수 있으리라 생각했기 때문이죠. 안견은, 이 시대 최고의 안목좋은 서화를 알아보는 눈을 가진 안평대군이 인정하는 최고의 화가였으니까요.

3일 만에 그려 낸 무릉도원

1447년 4월 24일, 사흘 뒤

"그대는 역시 하늘이 내려 준 인재일세. 암, 그렇고 말고!"

안견이 완성한 그림을 보고 나서 안평대군이 한 말이었습니다. 안견은 대군의 꿈 이야기를 듣던 날부터 내리 사흘 동안 그림에만 매달렸습니다. 낮은 물론이고 밤에도 초를 밝히고 앉아서 어떻게 하면 안평대군이 만족할 만한 꿈속 풍경을 그릴까 무척 고민했지요.

처음에는 늘 하던 방식대로 그리려고 했습니다. 그 방식이란 종이 두루마리의 오른쪽에서 왼쪽으로 그림을 그려 나가는 것이지요. 두루마리 그림은 보관할 때 왼쪽에서 오른쪽으로 둘둘 말아서 두기 때문에 오른쪽부터 펼쳐서 보게 됩니다. 두루마리 오른쪽에 맨 첫 장면이 나오고 죽 왼쪽으로 펼쳐 가면 새로운 장면이 이어지는 것이지요. 두루마리를 천천히 펼칠 때마다 산은 다리로 연결되기도 하고 구름 속에 잠기기도 하지요. 안견이 처음 생각한 것은 바로 이런 두루마리 그림이었습니다. 하지만 이번만은 달리 생각했습니다.

"마치 그대가 꿈을 꾼 것 같구먼!"

안평대군은 늘 그랬던 것처럼 안견의 그림을 오른쪽에서 왼쪽으로 보았습니다. 그리고는 두루마리를 펼치자마자 눈을 확 사로잡는 복숭아꽃밭에 넋을 빼앗겼지요. 얼마나 시간이 흘렀을까요? 화려하게 꽃이 핀 복숭아밭에서 한참을 헤매던 안평대군이 갑자기 고개를 갸우뚱했습니다. 대개는 왼쪽으로 갈수록 이야기가 더욱 극적으로 전개되는데 이 그림은 반대였거든요. 그림은 평범한 야산을 마지막으로 끝나 있었습니다.

원래 우리 그림은 처음부터 절정을 보여 주지 않습니다. 그림 보는 사람의 눈을 산이나 길을 따라 천천히 오게 하면서 절정을 볼 준비를 시키는 법입니다. 그런데 안견의 그림은 처음부터 흐드러질 정도로 아름다운 복숭아밭을 펼쳐 보였습니다. 그러더니 마지막에는 평범한 낮은 산이지 않습니까? 그 점이 이상하다 생각했지요.

안평대군은 그림을 잘못 본 것 같아 급히 눈길을 옮겼습니다. 눈은 순식간에 그림 왼쪽 아래에서부터 오른쪽 위를 다시 훑습니다. 그리고 바로 무릎을 탁, 쳤습니다.

"정말 새로운 그림일세. 역시 자네는 천재야, 천재!"

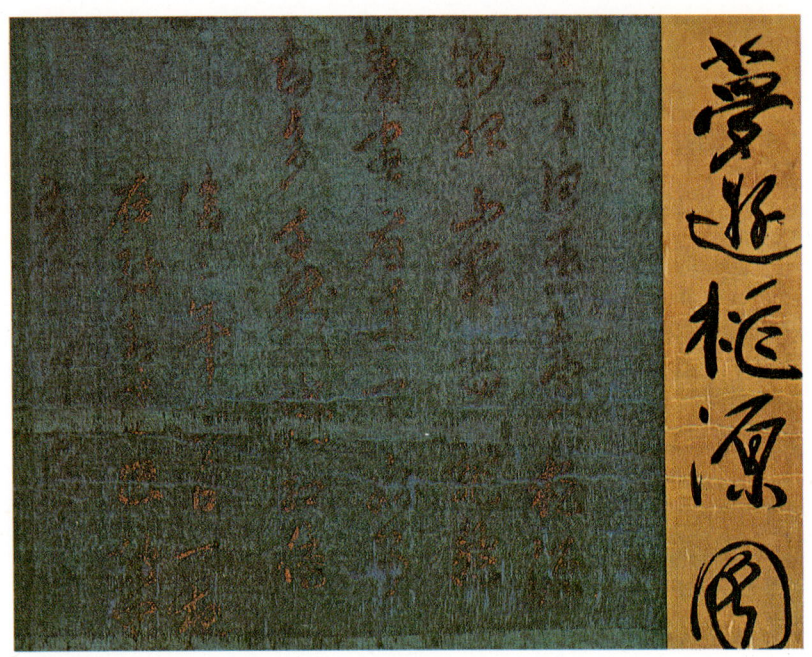

몽유도원도의 제목
'몽유도원도'라고 쓴 안평대군의 글씨와 그림을 그리게 된 사연이 적힌 부분입니다. 이 부분은 그림이 완성된 뒤 3년 후에 붙여졌습니다.

　안평대군은 역시 그림을 제대로 볼 줄 아는 사람이었습니다. 거듭 감탄하며 작품을 보고 또 봅니다. 그동안 중국과 조선의 그림을 수없이 보았지만 이렇게 파격적인 작품은 생각하지도 못했습니다. 이 그림은, 보통 두루마리 그림과는 달리, 왼쪽 아래에서 오른쪽 위로 내용이 펼쳐지도록 그린 것이었습니다.
　이 그림 맨 왼쪽에는 꿈이 막 시작되었을 때 보았던 평범한 산이 그려져 있습니다. 그러다 갑자기 앞을 탁 가로막는 바위산이 나오는

데 바로 복숭아밭으로 들어가는 문입니다. 험준한 바위는 그 옆의 낮은 산과 대비되어 더욱 험하게 느껴집니다. 꼬불꼬불한 산길을 따라 오른쪽으로 가보면 기괴한 바위들이 둘러쳐져 있는데 이곳이 바로 복숭아밭입니다.

복숭아꽃은 화려하기 그지없습니다. 꽃잎은 빨간색과 연분홍색으로, 꽃심은 노란색과 금채로 그렸습니다. 새로 돋아난 어린 잎사귀 사이로는 짙은 안개가 휘돌고 있고요. 게다가 왼편 야산 쪽은 정면에서 본 시각으로 그린 반면, 복숭아꽃이 만발한 오른쪽은 '부감법'으로 그렸습니다.

부감법이란 높은 곳에서 아래를 내려다보는 것처럼 그림을 그리는 기법이지요. 마치 새가 높이 날면서 저 아래 기어 다니고 있는 먹잇감을 내려다보는 것 같다고 해서 '조감도법'이라고도 합니다. 그러니까 이 그림 안에는 두 개의 시선이 함께 들어 있는 것입니다. 역시 안견답다는 생각이 들었습니다.

안평대군이 꿈을 꾸고 안견이 그 꿈을 그린 〈몽유도원도꿈속에 여행한 복사꽃 마을〉은 당시 가장 그림 보는 안목이 높은 사람과 솜씨 좋은 화가의 합작품이나 다름없었습니다. 이런 사연만으로도 충분히 주목을 받을 만했지만 이 작품의 가치는 거기가 끝이 아닙니다.

안평대군은 안견의 그림을 3년 동안 간직하고 있다가 자신이 직접 붓을 들어서 '夢遊桃源圖몽유도원도'라고 적어 넣었습니다. 그 뿐이 아닙니다. 안평대군은 당시를 대표하는 학자와 예술가들에게 이 그림을 보여 주고 시를 짓게 했습니다. 그래서 〈몽유도원도〉두루마리에는 그림을 찬미하는 글이 스물세 편 함께 실려 있는데 그 가운데 두 편은 안평대군이 지은 것입니다.

신숙주, 김종서, 정인지, 박팽년, 최항, 성삼문, 서거정, 이개, 박연 등 글을 쓴 사람들이 세종시대를 대표하는 인물들이었다는 점에서 안평대군의 위력을 느낄 수 있는 대목이지요. 또 벼슬이 그다지 높지 않았던 '화원화가' 안견의 작품에 그 당시 내로라하는 거물들이 너나없이 시문을 쓴 것으로 보아 안견의 그림 실력이 얼마나 뛰어났는지 짐작할 수 있습니다.

죽는 순간까지 붓을 놓지 않다

'세월이 참 빠르구나…….'

안평대군에게 〈몽유도원도〉를 그려 준 것이 바로 엊그제 같은데 벌써 10년 세월이 지났습니다. 그림을 보며 거듭 감탄하던 모습이 아직도 생생합니다. 그러나 대군은 이제 더 이상 곁에 없습니다. 그분이 떠나고 수양대군이 왕위에 오른 후 조정에서는 몇 차례 더 피바람이 불었습니다. 어제 저녁 한 사람이 죽음으로써 이제 그 피바람은

막을 내릴 것입니다.

오늘 안견은, 강원도 영월로 유배되었던 단종이 스스로 목숨을 끊었다는 소식을 들었습니다. 자결했다고는 하나 세조의 강압에 의한 것이니 살인이나 다름없었지요. 가슴이 아팠습니다. 왕의 자리가 무엇이기에 동생을 죽이고 조카를 죽이는지 정말 이해할 수 없었습니다.

4년 전 안평대군을 잃은 안견은 그동안 무척 힘들었습니다. 학문과 시, 서화, 음악을 사랑했던 안평대군은 성격이 호탕하고 넉넉하여 신분을 가리지 않고 사람을 사귀었지요. 또 좋은 그림들을 많이 가지고 있어서 안견이 그림 공부하는 데 큰 도움을 주었습니다.

훌륭한 화가는 그냥 만들어지는 것이 아닙니다. 뒤에서 밀어주고 격려해 주는 사람들이 있기 때문에 가능한 일입니다. 이런 사람들을 후원자라고 하는데 안평대군은 안견의 가장 큰 후원자였던 것입니다.

안평대군이 얼마나 안견을 아꼈는지는 그가 소장한 작품을 봐도 알 수가 있습니다. 1445년 즈음 안평대군이 소장하고 있던 작품은 모두 222점이었습니다. 대다수가 고개지, 오도자, 왕유, 곽희, 마원, 소동파, 조맹부 등 이름만 들어도 사람들이 고개를 끄덕거릴 정도로 미술사에서 유명한 중국 작가들의 작품이었지요. 그 가운데 조선 화가로는 유일하게 안견의 작품이 30점 포함되어 있었습니다. 그러니까 안평대군은 조선에서 유일하게 안견만을 인정했다는 뜻입니다.

그런 후원자가 죽어갈 때도 안견은 아무것도 할 수 없었습니다. 아니 오히려 자신에게 화가 닥칠까 봐 안평대군을 모른 체해야 했습니다. 안견은 대군이 죽기 얼마 전에 그와의 인연이 다 되었음을 알았습니다. 어차피 끝날 인연이라면 하루라도 빨리 관계를 정리해야겠다고 생각했지요. 그래서 대군의 집에서 일부러 귀한 먹을 훔쳤습니다. 먹을 훔치다 일부러 들킨 안견의 마음을 안 안평대군은 더 이상 그를 찾지 않았습니다.

오로지 그림을 그려야겠다는 생각만으로 살아남은 안견이었습니다. 어떤 일이 있더라도 죽는 순간까지 붓을 놓지 않겠다고 다짐했지요. 그리고 안견은 자신과의 약속을 평생 지켰습니다. 안평대군이 사약을 받고 세상을 떠나던 날에도 안견은 그림을 그렸습니다. 마치 대군이 못다 산 세월까지도 자신이 의미 있게 살아야 된다는 듯 무서운 각오로 그림을 그렸습니다.

그러는 동안 안견은 〈몽유도원도〉 외에도 〈산수도〉〈묵죽도〉〈수묵백운도〉〈팔준도〉〈임강완월도〉 등 헤아릴 수 없이 많은 그림을 그렸습니다. 그러나 이 작품들은 안타깝게도 모두 제목만 전해질 뿐 〈몽유도원도〉를 제외하고는 남아 있지 않습니다. 물론 〈사계절 산수사시팔경도〉〈적벽도〉〈소상팔경도〉 등 그의 이름으로 전하는 작품도 몇 점 있으나 진품인지는 확실하지가 않습니다.

비록 지금 진짜로 확인된 작품은 한 점밖에 남아 있지 않지만 안견은 세종과 세조 시대를 대표하는 작가였습니다. 조선 전기를 대표하는 그의 화풍은 그 후 많은 화가들에게 큰 영향을 미쳤거든요.

세종시대에는 안견 외에도 뛰어난 화가들이 여럿 있었습니다. 〈고사관수도〉를 그린 강희안은 양반으로, 운치 있고 풍류가 넘치는 그림을 그렸습니다. 최경과 안귀생은 인물화를 잘 그려서 임금님의 초상화인 어진을 그렸지요. 이들이 곁에 있어서 안견은 더욱 열심히 좋은 그림을 그릴 수 있었습니다.

그러나 이런 화가들이 있었어도 조선 전기는 안견의 시대였다고 할 수 있습니다. 안견이라는 이름이 지금까지도 많은 사람들 가슴속에서 잊히지 않은 것은 왜일까요? 혹시 그 누구보다도 더 큰 아픔을 당했기 때문이 아닐까요? 가슴에 많은 아픔을 담고 있다는 것은 고통스러운 일이지요. 그러나 그 아픔의 의미를 잊지 않고 작품 속에 녹아들게 한다면 화가에게 아픔은 꼭 나쁜 것만이 아닐 것입니다.

조선 전기를 대표하는 안견의 〈몽유도원도〉는 현재 우리나라가 아닌 일본에 소장되어 있습니다. 그래서 이 위대한 작품을 자주 볼 수 없다는 것이 무척 안타깝습니다.

 # 안견, 조선의 그림을 열다

늦봄·만춘 ● 35.2×28.5㎝ | 비단에 엷은 색   초여름·초하 ● 35.2×28.5㎝ | 비단에 엷은 색

안견의 작품으로 알려져 있는 《사계절 산수(사시팔경도)》는 8폭으로 된 화첩이다. 봄, 여름, 가을, 겨울 사계절을 각각 이른 때와 늦은 때로 나눠 그려서 계절에 따른 자연의 변화를 다채롭게 보여 주고 있다.

늦가을·만추 ● 35.2×28.5㎝ | 비단에 엷은 색   초겨울·초동 ● 35.2×28.5㎝ | 비단에 엷은 색

풀과 벌레도 귀하게 그리고

신사임당 申師任堂 | 1504~1551 연산10~명종6

율곡 이이의 어머니이기도 한 사임당은 현모양처의 대명사로 알려져 있다. 그런데 사임당은 자수와 바느질은 물론이고 글씨와 문장, 그림에 뛰어난 재주를 보인 예술가로서도 크게 이름을 남겼다. 특히 안견에게서 많은 영향을 받은 그림은 여성의 섬세함이 더해져 조선의 대표 화가가 되기에 손색이 없다.

주로 그린 그림은 주변에서 흔히 볼 수 있는 소박하고 단순한 것들이었는데, 그 가운데 모든 초충도를 대표할 만큼 유명한 ≪초충도≫ 8폭이 있다. 그의 작품은 살아 움직이는 듯 섬세하고 아름다웠는데 포도를 비롯하여 매화, 난초, 국화, 대나무 등의 사군자와 산수화도 잘 그렸다고 전한다.

늙으신 어머니 강릉 땅에 남겨 두고

1541년, 사임당 38세

"어머니, 부디……."

"오냐, 그래. 조심해서 가거라."

"끼니 거르시지 말고 제때 꼭 잡수셔야 해요."

"알았으니까 어여 가……. 이러다 고개를 넘기도 전에 해가 지겠구나. 서둘러라."

신사임당은 떨어지지 않는 발걸음을 억지로 옮겼습니다. 어머니 혼자 계신 강릉집을 떠나는 것이 마음이 놓이지 않았기 때문입니다. 그러나 떠나야만 하는 길이었습니다. 이제 가면 언제 다시 올지 모르는 막막한 길이었습니다. 마당에서는 일곱 명의 아이들이 신사임당이 나오기만을 기다리고 있었습니다.

　　그동안 신사임당은 한양 시댁과 강릉 친정을 오가면서 양쪽 살림을 도맡다시피 했습니다. 다른 여자들은 혼인하면 거의 시댁에서 살았지만 신사임당은 달랐습니다. 열아홉 살에 서울 사람인 이원수와 결혼하고 나서도 친정집에서 살았습니다.

　　물론 처음부터 그럴 생각은 아니었지요. 그런데 결혼하자마자 아버지가 돌아가셨습니다. 신사임당을 끔찍이 아껴 주시던 아버지였습니다. 아버지는 다섯 딸 가운데 둘째인 신사임당을 누구보다 의지하고 사랑했습니다. 그런 아버지가 세상을 떠나자 신사임당은 삼년상을 치르기 위해 강릉 친정에 남게 된 것입니다. 삼년상을 치룬 후 곧 서울 시댁으로 갔지만 그 뒤에도 기회만 되면 홀로 계신 어머니를 찾아뵈었습니다. 셋째아들 율곡 이이 1536~1584도 강릉에서 낳았습니다.

　　이렇게 서울과 강릉을 왔다 갔다 하면서 두 집 살림을 해 왔지만 이제는 그럴 수 없습니다. 시어머니 연세가 너무 높아서 이번에 올라가면 전적으로 서울 살림을 맡아야 하기 때문입니다.

"어머니, 지금 출발하지 않으면 고갯마루에서 날이 저물지도 모르옵니다."

간다 간다 하면서도 계속 집 안을 서성이며 손에서 일을 놓지 못하는 신사임당을 보다 못해 큰아들 선이 조심스레 재촉합니다. 선이의 손에는 외할머니가 쪄 준 감자가 들려 있었습니다. 감자를 보자 또다시 가슴이 뭉클해집니다. 그러나 아이들 앞에서 눈물을 흘릴 수는 없었습니다.

"선이 말이 맞다. 어서 출발하래도……."

어머니는 손사래를 치며 딸의 등을 밀다시피 합니다. 보내기 싫은 마음과 떠나기 싫은 아쉬움을 겨우 뿌리치고 신사임당과 아이들은 집을 나섰습니다.

들판에는 이제 막 영글어 가는 벼 이삭들이 뜨거운 여름 햇살을 품은 채 고개를 수그리고 있었습니다. 벼 이삭을 밀치며 달려온 바람 속에는 경포대 앞바다의 냄새가 배어 있는 듯합니다. 짠 바다 냄새는 고향의 냄새였습니다. 어릴 적부터 지금까지 나고 자란 고향 냄새 속에는 돌아가신 아버지의 사랑과 어머니의 애틋함이 스며 있습니다. 언제나 고향을 생각할 때면 가장 먼저 떠오른 것이 바로 이 바다 냄새였습니다.

강릉집을 출발하여 대관령에 도착할 때까지 몇 번이나 뒤를 돌아보았는지 모릅니다. 자욱한 안개가 온 산을 휘감아 앞을 분간할 수 없을 정도가 되어서야 신사임당은 돌아보기를 멈추었습니다. 두 손으로 양 무릎을 짚은 채 등이 굽어 힘든 몸을 세워 한없이 내다보던 어머니, 나의 어머니…….

얼마나 지나야 그리움이란 이 병이 치료될 수 있을까요? 어머니를 향한 그리움은 가슴에 사무치고 뼈에 사무쳐 쉽게 나을 것 같지 않습니다. 그 병은 다시 어머니를 만나야만 치료될 수 있는 병이니까요. 신사임당은 헤어지자마자 그리워지는 어머니를 생각하며 시 한 편을 지었습니다.

늙으신 어머니 강릉 땅에 남겨 두고
이 몸 홀로 서울 향해 가는 마음이여
머리 들어 돌아보니 북촌은 아득한데
해 저문 산그늘에 흰 구름만 날리네.

우리 모두는 귀한 생명입니다

수박이 열렸습니다. 속살이 붉게 익은 것으로 보아 아주 달고 맛있을 것 같네요. 맛있는 과일 냄새는 동물들이 더 잘 맡습니다. 두 마리 들쥐도 냄새를 맡고 달려온 모양입니다. 아이고, 이거 야단났습

수박과 들쥐 ● 《풀과 벌레(초충도)》 8면 중에서 1면 | 33.2×28.5㎝ | 종이에 엷은 색

수박이나 들쥐마저도 귀하게 여기고 그린 신사임당 덕에 섬세하고 정겨운 세계가 만들어졌습니다. 이 작품은 생활에서 흔히 볼 수 있는 소재를 섬세한 필선과 고운 채색, 안정된 구조로 그려낸 빼어난 그림입니다.

니다. 사람 먹기에도 아까운 수박을 들쥐 두 마리가 먼저 파먹고 있습니다. 이를 어찌해야 합니까? 나중에 수박 주인이 와서 보면 가슴을 치고 아까워할 것입니다. 그러거나 말거나 들쥐들은 달콤한 수박을 먹느라 정신이 없습니다. 당장 주인이 나타나서 돌멩이를 집어 들어도 모를 정도로, 먹는 데 정신이 팔려 있습니다. 어찌 됐거나 먹는 이 순간만큼은 행복합니다.

　신사임당은 지금 〈수박과 들쥐〉를 그리고 있습니다. 이런 그림을 흔히 '초충도(草풀초 蟲벌레충 圖그림도)'라고 부릅니다. 초충도는 우리가 주변에서 흔히 볼 수 있는 풀과 벌레 등을 그린 그림입니다. 수박과 들쥐, 패랭이꽃과 나비처럼 말이지요. 보는 순간 바로 이해가 될 만큼 아주 쉽고 편안한 그림입니다. 또 쉽게 볼 수 있는 것들이라서 친근하고 반갑지요.

　신사임당은 초충도를 참 잘 그렸습니다. 벌과 나비, 매미, 메뚜기, 방아깨비 같은 곤충과 오이, 가지, 수박 같은 채소는 신사임당이 늘 보던 것들이었습니다.

　'가장 많이 보고 친숙한 것을 그릴 수 있어야 한다.'

　신사임당은 항상 그렇게 생각하며 붓을 들었습니다. 외국어를 배울 때 잘 들어야 말을 잘 할 수 있듯이 그림도 마찬가지입니다. 그림을 잘 그리려면 많이 보고 많이 그려 보는 것이 제일이지요. 그리고 산과 계곡을 그린 거창한 산수화만 '그림'인 것도 아닙니다. 전공 분야의 전문 용어만 대단하고 일상생활에서 쓰는 말이 하찮은 것이 아니듯 그림도 그렇습니다.

'나는 내가 가장 잘 그릴 수 있는 그림을 그릴 것이다.'

포부도 크고 공부도 많이 한 신사임당이었기에 어쩌면 정치를 하더라도 잘 할 수 있었을 것입니다. 불행히도 여자는 남자들처럼 자신의 뜻을 크게 펼쳐 보일 수 없는 시대에 태어났지만 사임당은 자신의 처지를 푸념하거나 한탄하지는 않았습니다. 할 수 없는 것을 탓하고 주저앉기 전에 할 수 있는 것을 찾아서 하면 된다고 생각했습니다. 아무리 어려운 상황이라도 항상 긍정적으로 살아가기, 그 가운데 발견한 것이 바로 '초충도' 입니다.

'하찮아 보이는 잡초라 해도 생명이 있기에 얼마나 아름다운가.'

너무 흔하고 평범해서 눈길 한 번 사로잡기 힘든 풀과 곤충들이 오늘은 당당히 그림의 주인공으로 등장했습니다. 신사임당의 손을 통해서 말이지요. 아무리 평범한 풀이라도 아끼고 봐 주는 사람이 있으면 화려한 꽃보다 더 귀하게 됩니다. 그림은 꼭 어렵고 멋진 것만 그리는 것이 아님을 신사임당의 초충도는 말해 줍니다.

사람도 마찬가지입니다. 큰 재주가 있거나 두뇌가 명석한 사람이 아닐지라도 우리 모두가 귀한 사람입니다. 신사임당의 손에서 평범하기 짝이 없는 수박과 쥐가 명작의 주인공이 되었듯이, 우리가 먼저 곁에 있는 친구의 소중함을 발견해 보는 것은 어떨까요?

'아버지, 감사합니다…….'

그림을 그리다 말고 신사임당은 갑자기 아버지가 사무치게 그리워졌습니다. 아버지는 신사임당을 딸이라고 무시하지 않고 아주 귀하게 길러 주셨습니다. 남자들이 중심이었던 조선 사회에서 여자들은 이름 없는 풀처럼 살다 갔습니다. 그런데 그 풀이 잡초가 아니라 세상에서 가장 귀한 꽃이라고 가르쳐 주신 분이 바로 아버지였습니다. 세상에 잡초는 없다고 가르쳐 주셨지요.

아버지에게 귀한 꽃이었던 신사임당은 세상 모든 존재를 전부 귀한 꽃으로 여겼습니다. 남편이 그랬고 자식이 그랬고, 그림 속 수박과 들쥐조차 소중한 꽃이었습니다. 귀한 꽃을 귀하게 그리는 것, 그것이 그림을 그리는 이유였습니다.

이런 생각으로 그린 그림은 그 후 많은 후배들에게 본보기가 되었습니다. 여기, 170년이란 시간을 뛰어넘어 신사임당의 마음을 물려받은 사람이 있네요. 바로 정선1676~1759입니다. 정선은 신사임당이 그린 〈수박과 들쥐〉를 그대로 베껴 그렸습니다. 이렇게 다른 사람의 그림을 보고 그대로 따라 그리는 것을 '모사'라고 합니다.

모사는 동양화에서 아주 중요한 그림 기법 가운데 하나입니다. 훌륭한 작품을 보고 베끼면서 원작품의 구도, 색감, 필법 등을 배우게 되지요. 그런데 아무리 원작품과 똑같이 그린다고 해도 모사한 사람의 개성과 취향이 나타나기 마련입니다. 모사한 사람 나름의 해석인

수박과 들쥐 ● 정선 작품 | 30.5×20.8cm | 비단에 색

신사임당의 〈수박과 들쥐〉 그림과 아주 비슷합니다. 그런데 수박과 이파리, 달개비까지 비슷한 색을 써서 신사임당 그림보다 덜 화려하지만 안정된 느낌이 납니다.

셈이지요.

신사임당과 정선의 작품 모두 수박과 들쥐와 풀을 그렸습니다. 물론 그림에서 느껴지는 감정은 조금 차이가 납니다. 신사임당의 그림은 예쁜 나비와 패랭이꽃, 그리고 속이 붉은 수박 덕에 화려하고 고운 느낌이 듭니다. 반면 정선의 그림은 수박과 이파리, 그 앞의 달개비꽃까지 거의 한 가지 색으로 그려져 안정감이 느껴집니다. 이것은 두 사람의 취향이 다르기 때문에 나온 결과지요.

그런데 신사임당보다 한참이나 뒤에 태어난 정선이 신사임당 그림을 보지 않았더라면 이런 그림을 그릴 수 있었을까요? 멋진 문장이 멋진 문장을 낳듯, 좋은 그림은 또 다른 예술가에게 좋은 그림을 그리도록 영감을 줍니다. 이것이 우리가 평소에 좋은 책과 좋은 그림을 많이 보아야 하는 이유이기도 하지요.

신사임당은 풀과 벌레만 잘 그린 것이 아닙니다. 산수화도 잘 그렸지요. 특히 안견의 작품을 좋아했습니다. 아들 율곡이 어머니에 대해 써 놓은 글을 보면, 신사임당이 일곱 살 때 안견의 산수화를 본떠 그린 것이 매우 뛰어났다고 합니다. 그리고 포도 그림은 어떤 사람도 흉내 낼 수 없을 정도로 잘 그렸다고 하지요.

신사임당은 사군자라고 불리는 매난국죽매화, 난초, 국화, 대나무도 잘 그렸는데 그 중에서도 특히 매화를 많이 그렸습니다. 한겨울 추위를 뚫고 가장 먼저 꽃을 피우는 나무가 매화입니다. 그래서 매화꽃이 더욱 아름다워 보입니다. 어떤 어려움이 있더라도 참고 견디면 아름다운 꽃을 피울 수 있다는 교훈을 주기 때문입니다. 신사임당도 힘들 때마다 매화꽃을 그리며 견디었는지 모릅니다. 어떤 시련이 닥치더라도 자신만의 아름다운 꽃을 피우겠다고 다짐하면서 말이지요.

그릴 수 있는 것을 최선을 다해 그려라

"너도 그림을 그리고 싶으냐?"

"네, 어머니! 저도 어머니처럼 잘 그리고 싶어요."

"그럼, 붓을 들고 네가 그리고 싶은 대로 그려 보아라."

낮에 본 포도를 그리느라 정신없이 붓질을 하고 있는데 어느 새 맏딸 매창이 곁에 와 있습니다. 그 얼굴을 보니 어머니처럼 멋진 그림을 그리고 싶다는 열망으로 가득했습니다. 특히 어머니가 그리고 있는 포도 알갱이를 보면서 연신 고개를 끄덕거렸습니다.

신사임당은 포도를 그릴 때 색을 쓰지 않았습니다. 오직 먹 하나만으로 그렸지요. 그런데도 마치 수많은 색을 쓴 듯이 포도가 익어 가는 모습을 생생하게 그렸습니다. 완전히 익은 포도와 반쯤 익은

오른쪽 | 포도 ● 31.5×21.7㎝ | 비단에 먹

신사임당은 포도를 그릴 때 색을 쓰지 않고 오직 먹을 진하고 연하게 써서 햇가지와 묵은 가지, 익은 포도와 덜 익은 포도를 생생하게 그려 냈습니다.

포도, 그리고 이제 막 열리기 시작한 콩알만 한 포도까지 오직 먹을 진하고 연하게 쓰는 것만으로 완벽하게 표현했습니다.

매창은 어머니의 포도 그림을 보면서 먹 쓰는 법을 알았습니다. 그저 곁에서 보는 것만으로도 충분히 이해할 수 있었지요. 매창 또한 그림이라면 어머니 못지 않은 소질을 물려 받았기 때문입니다.

또 매창은 남자들처럼 자유롭게 돌아다닐 수 없는 여자라는 한계 속에서 어떻게 하면 자신만의 개성을 살릴 수 있는가를 어머니로부터 배웠습니다. 어머니가 굳이 초충도를 많이 그리는 것도 주로 집에 있다 보니 주위에 있는 풀과 곤충들을 많이 보기 때문이었습니다. 아무리 금강산이 절경이라 해도 조선시대 여자들은 함부로 유람을 다닐 수 없었지요. 그런 현실을 한탄하지 않고 어머니는 그릴 수 있는 것을 열심히 그렸습니다. 언제나 긍정적으로 생각하는 것, 그것은 앞으로 매창이 살아가면서 평생 지켜 나갈 다짐이기도 했습니다.

신사임당의 예술적인 재주는 맏딸 매창과 셋째 아들 율곡, 그리고 막내아들 이우에게 이어졌습니다. 그러나 아무리 재주가 많더라도 그 재주를 계발하지 않으면 아무 소용이 없겠지요? 신사임당은 자식들이 가진 재주를 한눈에 알아보았습니다. 신사임당이 '어진 어머니와 착한 아내'를 가리키는 '현모양처賢母良妻'의 대명사로 알려지게 된 것도 이렇듯 자식들을 훌륭하게 가르쳤기 때문입니다.

신사임당은 남편 이원수를 이끌 정도로 재주가 뛰어나고 똑똑했습니다. 이원수는 벼슬이 그다지 높지 않았어요. 그 때문인지 더 높은 벼슬을 얻기 위해 권력을 가진 친척과 친하게 지내려고 했지요. 그러나 신사임당은 그 친척이 어진 선비들을 모함하고 세상 권세만을 탐하는 사람이라 오래 가지 못할 것을 알고, 남편이 그 사람과 가까이하는 것을 말렸습니다. 그 친척은 결국 을사사화를 일으킨 일당이 되어 선비들에게 큰 화를 입혔는데 신사임당의 지혜로운 판단력 때문에 이원수는 그 일을 면할 수 있었습니다.

　신사임당은 그런 남편을 무시하거나 업신여기지 않았습니다. 자신의 처지를 불평하지도 않았지요. 언제나 자신이 놓인 상황에서 최선을 다했습니다. 아내로서 어머니로서 또 양쪽 집을 돌보아야 하는 사람으로서 힘들고 어려웠지만 묵묵히 그 어려움을 감당해 냈습니다. 그러나 그것만이 전부는 아닙니다. 어려운 처지에서도 신세 한탄을 하기보다는, 그림을 그리고 시를 짓고 또 공부를 게을리하지 않았지요.

　그렇게 운명에 굴하지 않는 사람이었기에 자식뿐 아니라 많은 후배들에게 귀감이 되었던 것입니다. 그런 의미에서 신사임당은 진정한 '현모양처'였던 것이지요. 그 말은 신사임당이 이율곡 같은 훌륭한 학자의 어머니여서만이 아니라 신사임당 스스로 충분히 역사에 남을 만큼 멋진 사람이라는 뜻입니다.

신사임당, 풀과 벌레도 귀하게 그리고

가지와 방아깨비 ● 《풀과 벌레》 2면

풀과 벌레 · 초충도 ● 각 34×28.3㎝ | 종이에 색

8장으로 이루어진 초충도. 우리 주변에서 흔히 볼 수 있는 소재를 그린 신사임당 그림의 특징을 잘 보여 주고 있다.

오이와 개구리 ● 《풀과 벌레》 3면

양귀비와 도마뱀 ● 《풀과 벌레》 4면

맨드라미와 쇠똥구리 ●《풀과 벌레》5면

원추리와 개구리 ●《풀과 벌레》6면

접시꽃과 개구리 ●《풀과 벌레》7면

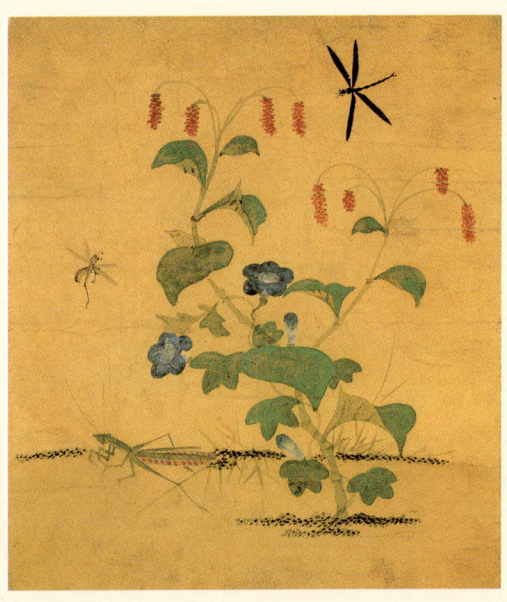
산차조기와 사마귀 ●《풀과 벌레》8면

붓질 한 번에
한 세계가 완성되고

김명국 金明國 | 1600~? 선조33~? | 호는 연담 蓮潭, 취옹 醉翁

도화서의 화원으로 교수를 지냈다. 1636년과 1643년 두 차례 통신사를 따라 일본에 다녀왔는데, 밤낮으로 그림을 청하는 일본 사람들 때문에 잠도 제대로 못 잘 정도로 인기가 많았다. 특히 한두 번의 붓질로 힘차게 그려, 불교의 정신을 표현하고 강렬한 느낌을 뿜어 내는 〈달마도〉 같은 선종화가 큰 관심을 끌었다.

김명국은 성격이 호탕하고 술을 좋아하여 그림을 그릴 때 적당히 취해 있어야 좋은 그림을 그릴 수 있었다고 한다. 그런 성격처럼 김명국의 그림들도 굳세고 자유분방한데, 그 재주를 따를 사람이 없어 '배워서 되는 화가'가 아니라 '하늘에서 재주를 타고 난 화가'라는 뜻의 신필(神筆)로 불렸다.

그림엔 신분이 없다

1636년 11월 13일, 일본 오사카

"오늘 밤 안으로 이 벽을 다 채워 넣지 않으면 널 죽여 버릴 테다."
 순식간의 일이었습니다. 김명국이 술을 마실 동안 무릎을 꿇은 채 꼼짝하지 않던 집주인이 갑자기 일본도를 빼어 들더니 김명국의 목에 들이댄 것입니다. 움직이는 촛불 때문에 날카로운 칼날이 번쩍거립니다. 칼을 겨누고 있는 일본인의 눈빛도 함께 번쩍거립니다.

'음……. 저 왜인의 눈빛이 칼날보다 더 날카롭군.'

금세라도 자신의 목을 베어 버릴 것 같은 칼날과, 칼날보다 더 날카로운 주인의 눈동자를 보면서 김명국은 마치 남의 일처럼 무심하게 생각했습니다.

'칼과 그림이라……. 왜인들은 참 알다가도 모를 족속들이군.'

지금 김명국은 오사카에 있는 어느 일본인의 집 별채에 와 있습니다. 통신사를 수행하는 화원으로 일본에 온 지 벌써 한 달. 그동안 글씨와 그림을 부탁하는 사람들이 밤낮으로 몰려들었습니다. 일본의 자연 경관과 생활 풍습, 그리고 통신사 일행의 행사 장면 따위를 일일이 그려야 하는 것이 화원의 임무였습니다. 그런데 잠깐이라도 쉬는 틈이 생기면 일본인들이 달라붙어서 그림을 그려 달라고 성화였습니다.

오늘 이 낯선 곳에 오게 된 것도 마찬가지 이유였습니다. 하루 종일 통신사 일행 뒤를 졸졸 따라다니던 한 일본인이 저녁 무렵이 되자 정식으로 김명국을 만나게 해 달라고 청했습니다. 사연을 들어 보니 자신이 지은 세 칸짜리 별채에 벽화를 그려달라는 것이었지요.

"몇 달 전부터 사방 벽에 비단을 발라 놓고서 조선 통신사 일행이 오기만을 기다리고 있었습니다. 이렇게 인연이 되어 어르신을 뵙게 되었으니 부디 저의 청을 거절하지 마시고 벽화를 그려 주시기 바랍니다."

그러면서 사례금으로 큰돈을 내어 놓았습니다. 그의 눈빛은 간절하고도 진실했습니다. 아직 붓을 들지도 않았고 그리겠다고 말한 적도 없습니다. 그러나 그는 김명국이 부탁을 들어 주리라고 확신하는 것 같았습니다. 아니, 그려 주지 않으면 결코 물러서지 않을 태세였지요. 무릎을 꿇고 앉은 그는 김명국이 앞장서야 움직일 작정인가 봅니다. 그런 일본인의 진지한 모습을 보면서 김명국은 가슴이 뭉클했습니다.

조선에서 화원궁에 소속되어 그림을 그리는 직업의 일이란 중인 계급이 맡는 하찮은 것이었습니다. 임금의 초상인 어진을 그리고, 궁중 행사 장면과 궁궐 벽화를 그려도 누구 하나 그 일을 중요하다고 여기지 않았습니다. 그저 손재주가 있는 사람이 하는 일쯤으로 가볍게 생각했습니다. 반면, 양반인 사대부들이 그리는 그림남종문인화은 화원들이 그리는 것과 달리 격이 높다고 여겼습니다.

원래 산수화에는 남종화니 북종화니 하는 구분이 없었습니다. 그런데 중국 명나라의 동기창1555~1636이란 사람이 산수화를 작가의 신분과 화풍에 따라 둘로 나누었습니다. 우선 '남종화'는 인격이 높고 학문이 깊은 문인들이 물감을 엷게 써서 자신의 마음 세계를 그린 그림이라고 정의했습니다. 문인 화가들은 직업화가가 아니기 때문에 순전히 취미생활로 그림을 그렸습니다. 반면에 '북종화'는 화원이나 직업화가들이 짙은 색으로 꼼꼼하면서도 세밀하게 그린 그림이라고 정의했지요.

그런데 이런 구분은 큰 문제점을 지니고 있습니다. 동기창이 문인이었기 때문에 자신이 포함된 남종화를 높게 평가하고, 직업화가나 화원들의 그림은 무조건 한 단계 낮다고 본 것입니다. 이런 치명적인 문제가 있었지만 이 구분법은 그 후 많은 작가들에게 큰 영향을 끼쳤습니다.

김명국은 항상 그것이 불만이었습니다. 예술 작품의 평가는 신분이나 직업에 따라 내려지는 것이 아니라, 작품 그 자체가 예술성이 있어야 한다고 생각했기 때문입니다.

작품에는 작가의 열정과 느낌과 사상이 녹아 있는 법입니다. 자신이 살아오면서 겪었던 여러 가닥의 느낌과 다양한 빛깔의 감정들이 젖어 있지요. 그래서 각 사람의 얼굴이 다르듯 작품도 다 다를 수밖에 없습니다. 때론 산과 나무를 그대로 그린 그림일 수도 있고, 때로는 점 몇 개만 찍어 마음 상태를 드러내는 그림일 수도 있습니다. 중요한 것은 얼마만큼 감동을 줄 수 있느냐 하는 것이겠지요. 그리고 그 감동은 작가의 피나는 노력이 뒤따라야만 생기는 것입니다.

조선에서 김명국은 항상 목이 마른 듯한 갈증을 느꼈습니다. 아무리 멋진 그림을 그려 보여도 사람들은 그가 직업화가라는 사실을 먼저 떠올리고, 그림을 제대로 알아주지 않았습니다.

그런데 오늘, 자신의 그림을 알아주는 사람을 만났습니다. 그것도 조선인들이 무시하는 일본에서 말이지요. 일본 사람들은 천황에서 백성까지 모두 문자를 알지 못하며 모든 문서는 오직 승려가 맡는다고 했습니다. 문자도 모르고 문화도 없다고 무시했던 왜소한 나라의 이름 없는 백성이 천금을 들고 와서 그림을 부탁하고 있습니다. 자신이 원하는 것을 위해 하루를 온전히 김명국만 쫓아다닌 그 열성이 대단하다 못해 무섭기까지 했습니다.

내가 붓이고 붓이 곧 나다

김명국은 아까부터 마신 술 때문에 기분 좋게 취기가 오르는 것을 느꼈습니다. 드디어 붓을 들 때가 되었습니다. 그는 그림을 그릴 때 꼭 술을 마셨습니다. 술로 얼큰해지면 온몸의 긴장이 풀어지면서 기분이 좋아졌거든요. 붓은 이렇게 기분 좋을 때 들어야 제대로 풀리는 법입니다. 그런데 붓을 들기 전에 먼저 해야 될 일이 있었습니다.

"금가루즙!"

불콰하게 물든 얼굴로 김명국은 지그시 눈을 감은 채 입을 열었습니다. 집주인은 기다렸다는 듯 달려와 금가루즙을 내려놓고는 붓을 들어 김명국에게 건넸습니다. 그러나 김명국은 붓을 받는 대신 금가루즙을 들고 일어서서 벽으로 향했습니다.

그는 입에 가득 금가루즙을 물었습니다. 그리고 벽을 향해 '푸우' 하고 소리가 나게 내뱉었습니다. 벽에 쏟아진 금가루즙은 밑으로 줄줄 흘러 내렸습니다. 그걸 확인한 김명국은 다른 벽으로 자리를 옮기며, 역시 같은 방법으로 금가루즙을 뱉어 냈습니다. 네 벽에서 김명국이 뱉어 놓은 금가루즙이 줄줄 흘러 내렸습니다.

김명국은 방 가운데로 와서 물로 입을 씻어 낸 다음 다시 술을 마시기 시작합니다. 어느새 구경꾼들이 몰려들었습니다. 기모노를 입고 손으로 입을 가린 채 소곤소곤 얘기하는 모습이 현실 같지가 않았습니다. 일본에 도착한 지 벌써 한 달이 넘었지만 여전히 낯설었습니다. 두 손을 앞으로 모으고 종종걸음으로 다니는 아낙네들은 무척 수줍음이 많은 것처럼 보였습니다. 그런 사람들이 이렇게 늦은 밤에 조선에서 온 사신을 보겠다고 문 밖에 서서 그림이 완성되기만을 기다립니다.

'아마도 달마도 때문이겠지······.'

저 사람들이 모여든 것은 며칠 전 어느 절에 그려준 〈달마도〉 때문일 것이라고 생각했습니다. 일본 사람들은 유난히 선종화를 좋아하니까요. 선종화는 참선을 하다가 순간적으로 깨달은 것을 선 몇 개로 재빠르게 그려 내는 그림입니다. 참선이란 깨달음을 얻기 위해 조용히 앉아 마음 깊은 곳을 들여다보는 것이고요. 깨달음을 얻는 데는 많은 책이나 지식이 필요하지 않습니다. 다만 고요히 앉아 자

달마도 ● 83×57㎝ | 종이에 먹

달마 스님은 인도 사람으로, 중국으로 건너와 불교의 선종을 가르쳤습니다. 순간적인 깨달음의 세계를 간단한 붓질 몇 번으로 그린 이 그림은 선종화의 최고 작품으로 평가받습니다.

오른쪽 | **갈대를 탄 달마** · 노엽달마 ● 97.6×48.2㎝ | 종이에 먹

달마 스님이 갈대를 타고 강을 건너는 모습입니다. 갈댓잎처럼 까칠한 옷주름과 간략한 표현에서 절제된 힘이 느껴집니다.

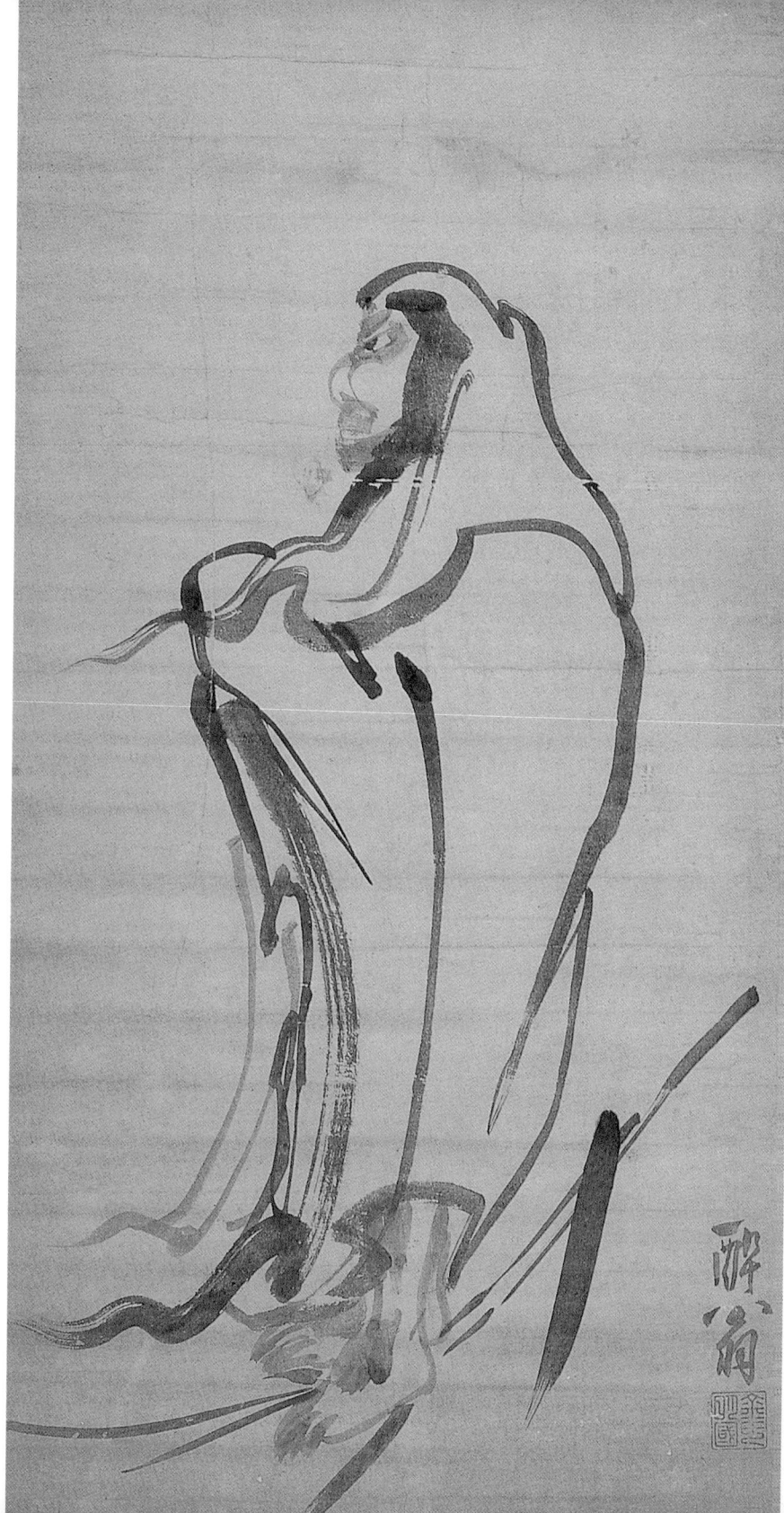

신의 마음속을 들여다보고 관찰할 뿐이지요. 그러다 갑자기 확 깨닫는 순간이 찾아옵니다. 그것은 마치 캄캄한 어둠 속에서 갑자기 불을 켜듯 순간적으로 일어납니다.

많은 책을 읽어 깨달음에 도달하는 것을 수많은 붓질 끝에 그림을 완성하는 일에 비한다면, 고요히 앉아 있다 순식간에 깨닫는 것은 많은 붓질이 필요 없는 그림입니다. 선종화는 이처럼 어둠에 불을 켜듯 깨달음을 얻는 순간, 아주 단순한 선 몇 개로 완성됩니다.

김명국은 선종화를 잘 그렸습니다. 순식간에 거침없이 기를 쏟아 부어 그리는 달마도는 가장 좋아하는 그림이기도 했습니다. 선종은 참선을 통해 깨달음을 얻는 불교의 한 갈래인데, 그 대표 인물이 달마 스님이지요. 그래서 참선을 하는 사람들은 달마 스님 그림을 갖고 싶어했습니다. 선종은 특히 일본에서 크게 유행했기 때문에 김명국이 그린 〈달마도〉를 보고 일본 사람들은 하늘이 내린 천재라며 극찬했던 것입니다.

그런데 천재의 얼굴이라도 보려고 몰려든 일본 사람들 앞에서 김명국은 지금 이상한 행동만 되풀이합니다. 예기치 못한 그의 행동을 보면서 사람들은 호기심과 궁금함을 애써 참습니다. 그러거나 말거나 김명국은 계속 술을 마셨습니다. 가끔 금가루즙이 흘러내리고 있는 벽 귀퉁이를 쳐다볼 뿐, 붓을 들 생각조차 하지 않았지요.

집주인 또한 김명국의 행동을 이해할 수 없었지만 아무 말 없이 기다리고 있었습니다. 조선을 대표해서 온 화원인 만큼 그를 믿어보리라 생각한 것입니다. 목에 칼을 들이대도 눈 하나 꿈쩍하지 않는 그의 배포와 담력을 보면 뭔가 계획이 있을 거라고 믿었습니다.

시간이 얼마나 흘렀을까요. 술 한 잔 마시고 벽 한 번 쳐다보고 또 한 잔 마시고 벽 쳐다보기를 계속하던 김명국이 드디어 붓을 들었습니다. 벽에 가까이 가서는 이제 붓을 들어도 될 만큼 금가루즙이 적당히 스며든 것을 확인했습니다.

순간, 김명국은 준비된 붓으로 금가루즙을 쓸면서 그림을 그리기 시작합니다. 산을 그리고 사람을 그렸습니다. 바위를 세우고 계곡을 흘렸습니다. 밋밋한 벽에 깊은 산이 생기고 울창한 나무 사이로 2층 높이의 절이 만들어졌습니다. 넓은 강물도 그려졌습니다. 재료는 오직 금가루즙뿐인데 벽에는 온갖 자연의 모습이 드러났습니다.

네 벽을 옮겨 가며 붓질을 하는 동안 김명국은 딴사람이 된 것 같았습니다. 여기가 어딘지 곁에 구경꾼이 얼마나 많은지 도무지 관심이 없는 것 같았습니다. 아니, 자기 자신조차 잊어버린 듯 오직 붓질만 할 뿐입니다. 온몸이 손끝 붓질에 집중되어 붓질을 한다는 사실도, 그림을 그리고 있다는 사실도 잊은 채 붓이 되어 움직이고 있습니다. 김명국이 붓이고 붓이 곧 김명국이었습니다.

"됐다."

신들린 붓질이 드디어 멈췄습니다. 뻐근해진 팔을 주무르며 김명

조선이 낳은 그림 천재들 57

늦여름 · 만하 ● 27.1×25.7㎝ | 비단에 금

사계절을 각각 2장씩 8장으로 그린 《사계절 산수(사시팔경도)》 화첩 가운데 하나입니다. 안타깝게도 김명국이 일본에 가서 그린 벽화는 현재 전하지 않지만, 이 작품을 통해 그 모습을 짐작해 볼 수 있습니다. 비단 바탕에 금으로 그린 이 작품은 김명국이 거칠고 대담한 그림뿐 아니라 안견 화풍처럼 전통적인 방식으로도 잘 그렸음을 보여 줍니다.

국은 조용히 일본인의 별채를 빠져 나왔습니다. 시원한 바람을 쐬고 싶었습니다. 순간 집주인과 눈이 마주친 김명국은 새삼 등골이 서늘한 두려움을 느꼈습니다.

칼을 들이댔던 집주인은 김명국이 대문을 나설 때까지 고개를 깊이 숙여 절을 하고 있었습니다. 천재에게 보내는 존경심을 가득 담은 절이었습니다. 일본인은 언제든 필요하다면 칼을 꺼내 드는 사람들입니다. 또 필요하다면 칼을 들이댔던 사람을 향해 깊이 절을 할 수도 있는 사람들입니다. 도저히 어울릴 것 같지 않은 행동을 바로 한 자리에서 할 수 있는, 그런 사람들이 바로 일본 사람이었습니다.

칼과 그림

'칼과 그림이라…… 칼과 그림이라…….'

김명국은 혼잣말을 되풀이하고 있습니다. 차가운 밤공기가 옷을 파고들자 섬뜩한 느낌이 듭니다. 땀으로 범벅이 된 옷이 기분 나쁘게 몸에 달라붙습니다. 그림은 만족스럽게 완성되었는데 왠지 기분은 그렇지 못합니다. 산책이라도 하면서 그런 기분을 떨쳐버려야겠다고 생각한 김명국은 마당으로 내려섰습니다.

조선에서는 답답할 때나 그림이 잘 그려지지 않을 때면 늘 마당을 거닐곤 했습니다. 가끔씩 고개를 들어 밤하늘을 올려다보면 그 넓은 하늘에 위로하듯 달이 떠 있었습니다.

'이건 또 뭐란 말인가?'

무심코 정원으로 들어가려던 김명국은 발걸음을 멈췄습니다. 마당 가득 모래를 채워 넣고 군데군데 돌을 장식해 놓은 일본 정원은 함부로 드나들 수 없는 '금단의 구역' 이었던 것입니다. 잘 정리된 이 정원은 편안하게 산책하는 공간이 아니라 멀찌감치 서서 감상만 해야 하는 공예품 같았습니다.

보여 주되 들여놓지는 않는 정원이 꼭 일본 사람들을 닮았습니다. 칼을 감추고도 겉으로는 가장 순진한 미소를 지을 수 있는 사람들, 간이라도 꺼내줄 것처럼 대하다가도 막상 거래를 하거나 경쟁을 할 때는 절대로 손해 보지 않는 사람들이 바로 일본 사람이니까요.

그 순간 김명국은 어제 서장관통신사에서 기록을 맡은 사람이 한 말이 생각났습니다. 일본에서는 크든 작든 죄를 저지른 사람은 무조건 다 죽인다고 합니다.

죄인을 죽일 때는 죄가 가벼우면 목을 베고, 무거우면 십자 모양 나무에 두 손과 머리털을 잡아매어 불로 지지거나 창으로 찔러 고통을 받으며 서서히 죽게 한다고 합니다.

그뿐이 아닙니다. 죄인이 죽고 나면 구경하고 있던 사람들이 시체에 달려들어 칼날을 내리치며 칼 쓰는 연습을 한다고 합니다. 게다가 담력을 기른다는 이유로 아이들에게 이런 잔인한 모습을 꼭 보여 준다고 하니 참 이해하기 어려운 사람들입니다.

그 때문일까요? 일본인들은 조그만 원한에도 반드시 복수를 하고, 한마디 말에도 화를 내며 사람 죽이기를 습관적으로 하니, 모질고 독한 성질이 독사와 다를 바가 없다는 것이었습니다. 그러니 일본인들이 임진왜란 때 저지른 만행이 그냥 나온 것이 아니었구나 하는 데 생각이 미쳤습니다.

일본은 조선을 침략해 아무 죄 없는 백성들을 죽이고 마을을 태우고 문화재를 약탈해 갔습니다. 7년 전쟁 동안 길거리에는 시체가 산처럼 쌓였고 우물은 피로 물들었지요. 이렇게 죽인 것도 모자랐는지 사람들의 귀를 자르고 눈을 빼고 살을 도려내고 가죽을 벗기고 심장을 파내고 손발을 절단했습니다. 잘라 낸 머리를 긴 장대에 매달아 놓기까지 했습니다. 인간으로서는 도저히 할 수 없는 짓이었지요.

굶주림에 지친 조선 백성들은 종이 쪼가리를 씹어 먹고 흙벽을 긁어 끓여 먹었습니다. 심지어 술에 취한 명나라 장수가 토한 음식물을 주워 먹고, 굶어 죽은 사람의 시신을 베어 먹는 사람까지 있었습니다. 평화로운 조선 땅에 이런 처참한 비극을 저지른 전쟁이 바로 임진왜란이었습니다. 임진왜란은 1592년부터 1598년까지 일본이 조선을 두 차례 침략하여 벌어진 전쟁 특히 1597년 정유년에 일본이 다시 침략한 사건은 정유재란이라고도 함을 말합니다. 이로 말미암아 두 나라는 서로 원수가 되었고 고려시대부터 계속 왕래하던 사절나라를 대표하여 외국에 파견되는 사람의 발걸음도 끊겼습니다.

그러나 조선과 일본은 가깝고도 먼 나라, 언제까지나 멀리할 수만은 없었지요. 조선은 일본에 끌려간 사람들이 되돌아올 수 있도록 노력했습니다. 일본에서도 전쟁을 좋아하던 도요토미 히데요시가 죽고 평화를 원하는 도쿠가와 이에야스가 정권을 잡았지요. 그래서 두 나라는 다시 사절을 보내 전쟁의 뒷마무리를 하게 되었습니다.

이번 통신사는 전쟁 후 네 번째로 일본에 파견되는 길이었습니다. 478명의 사절이 임금의 국서를 가지고 일본으로 왔습니다. 통신사가 일본을 한 번 다녀오려면 적어도 8개월이 걸리고, 거리상으로도 1만 4천 리나 되는 먼 길이었습니다. 그 행렬에 참여한 김명국은 일본과 조선에 대해 많은 생각을 하게 되었습니다.

'두 가지 얼굴을 가진 일본인들을 우리가 몰라도 너무 몰랐구나! 그래서 우리가 임진왜란 때 그렇게 당했던 거야…….'

집에 들여놓되 정원 안에는 들여놓지 않은 것처럼 일본은 그들의 땅에 통신사를 들여놓았지만 결코 진심을 보여 주지 않을 것입니다. 칼을 뽑을 수도 있고 고개 숙여 절을 할 수도 있을 것입니다. 그렇다면 대답은 한 가지밖에 없었습니다. 칼을 뽑는 대신 고개를 수그리게 만드는 것입니다. 그렇게 하려면 내가 상대를 움직일 수 있는 실력이 있어야 합니다. 오늘 김명국은 그걸 깨달았습니다. 칼을 겨누던 일본인을, 고개 숙이고 절을 하게 만든 것은 바로 김명국의 실력이었습니다.

'조선에 돌아가더라도 오늘 느꼈던 이 마음을 잊을 수 없을 것 같다. 아니, 결코 잊지 않으리라…….'

김명국은 들어갈 수 없는 정원 대신 대문을 향해 걸어갔습니다. 그런 김명국의 뒷모습을 멀찌감치 떨어진 별채 안에서 일본인이 말없이 바라보고 있었습니다.

김명국, 붓질 한 번에 한 세계가 완성되고

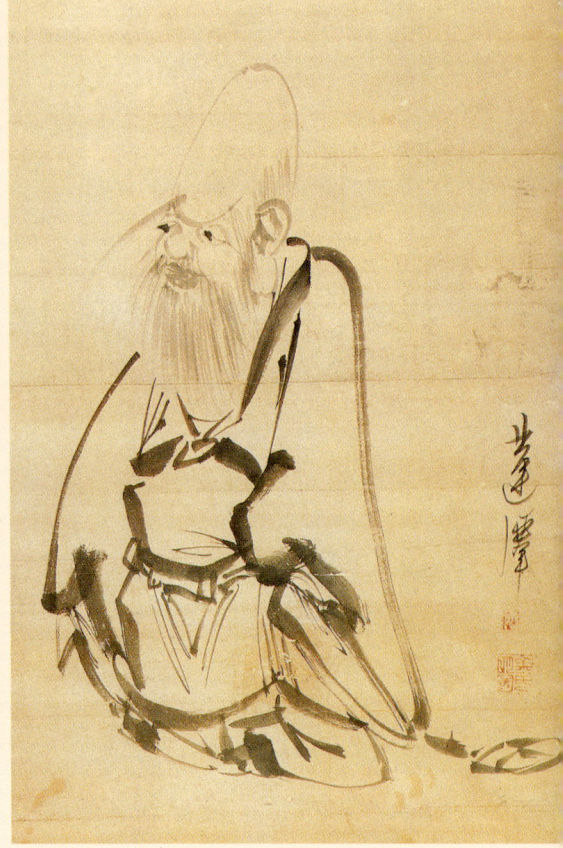

매화를 찾아 떠나는 선비 · 탐매도
● 45.7×31.6cm | 비단에 색

그림 속 선비는 중국 당나라 때의 시인인 맹호연이다. 그는 매화를 무척 좋아해 이른 봄이면 나귀를 타고 매화를 찾아다녔다고 한다.

거북이를 끌고 가는 수성노인 · 수노예구
● 105.2×52.8cm | 종이에 먹

사람 수명을 관장하는 별인 수성(壽목숨 수 星별 성, 남극성을 가리킴)을 그린 그림. 오래 살기를 바라는 사람들은 수성을 이처럼 사람 모습으로 그려서 회갑 때 선물로 주곤 했다. 뒤에는 역시 오래 사는 동물로 여겨지는 거북이가 그려져 있다.

오른쪽 | **눈 속에 길 떠나는 선비** · 설경산수도 ● 101.7×54.9cm | 모시에 먹
금세라도 눈이 쏟아질 것 같은 날, 한 선비가 나귀를 타고 집을 떠난다. 사립문 곁에는 길 떠나는 남편이 걱정되어 나와 선 아낙네가 있다. 나뭇잎이 다 떨어진 나무와 흑백 대비가 심한 하늘이 한겨울의 추위를 느끼게 한다.

꼿꼿한 정신을 그림에 담아

윤두서 尹斗緒 | 1668~1715 현종9~숙종41 | 호는 공재 恭齋, 종애 鍾崖

조선 중기에서 후기로 넘어 가는 시기의 선비 화가. 당시 정치적으로 힘이 없었던 남인에 속해 있어서 관직에 나아가지 않고 학문에 매진하였다. 그의 대표 분야인 초상화와 말 그림에서는 예리한 관찰력과 뛰어난 필력을 유감없이 보여 주고 있다. 특히 〈나물 캐는 아낙네들〉이나 〈나물 씻기〉 등 백성들의 생활을 그린 그림들은 이후 유행하게 될 풍속화를 앞서 간 작품들이다.

윤두서의 관심 분야는 시와 그림뿐만 아니라 천문, 지리, 의학, 음악 등 아주 넓었고 당시 새롭게 떠오르고 있던 실학과 서양 학문까지도 깊이 공부하였다. 그는 〈어부사시가〉로 유명한 윤선도의 증손자이자 정약용의 외증조할아버지였고, 아들 윤덕희와 손자 윤용도 모두 그림에 뛰어났다고 한다.

그림 속에 살아 있는 사람

1714년 봄, 녹음 짙은 해남 녹우당

"지금 제 앞에 계신 형님이 진짭니까? 아니면 그림 속 형님이 진짜 형님입니까? 세상에, 나 원……. 세상에!"

성호 이익1682~1763은 아까부터 계속 '세상에' 라는 말만을 되풀이하고 있습니다. 자기 앞에 앉아 있는 윤두서와 벽에 걸린 윤두서의 〈자화상〉을 번갈아 보면서 말이지요.

"그렇게도 신기한가?"

이익을 보며 멋쩍은 듯 윤두서가 한마디 했습니다.

"저도 그림이라면 누구 못지않게 많이 봤다고 자부합니다. 그런데 이처럼 사람 혼을 쏙 빼놓는 그림은 본 적이 없습니다. 어떻게 이걸 그림이라고 할 수 있겠습니까? 형님이 그림 속에 통째로 들어가 계신 거나 다름없지요."

"허허, 그런가? 말이라도 그리 해 주니 고맙네."

"사실입니다, 형님. 형님 앞이라서 듣기 좋으라고 하는 소리가 아닙니다. 초상화란 모름지기 그 사람의 겉모양만 닮게 그리는 것이 아니라 정신이나 마음까지도 그릴 수 있어야 하는 것 아닙니까? 그렇지만 이 자화상처럼 특별하게 사람의 마음을 사로잡는 작품은 아주 드문 경우이지요. 특별하다 못해 소름이 끼칠 정도니까요."

이익은 넋을 놓고 그림에 빠져 있었습니다. 그의 말처럼 초상화는 우선 겉모습을 닮게 그리는 것이 기본입니다. 어떤 사람을 그렸는데 닮지 않았다면 그건 초상화가 아닐 것입니다. 그래서 '터럭 하나라도 다르게 그리면 그건 초상화가 아니다' 라고 할 정도였지요.

그러나 단순히 겉만 닮게 그린다면 무엇인가 조금 빠진 듯한 느낌입니다. 겉뿐 아니라 그 사람의 혼까지 그릴 수 있을 때 진짜 초상화라고 할 수 있지요.

오늘 이익이 감탄한 윤두서의 〈자화상〉에는 혼이 깃들어 있습니

다. 그것은 어쩌면 스스로를 그린 '자화상'이기 때문에 더욱 실감나는지도 모릅니다. 자화상 속에는 자기가 느끼는 자신의 모습과 마음이 담겨 있기 마련이니까요.

"그런데 왠지 형님 자화상이 슬프게 느껴지는군요."

"원 사람도……."

이익은 그림을 보다 말고 윤두서를 지긋이 바라보았습니다. 이익과 윤두서는 오래 전부터 친하게 지내 온 사이였습니다. 윤두서가 한양에 살 때 그의 집은 연화방_{지금의 명동}에 있었고 이익의 집은 황화방_{지금의 정동}에 있었습니다. 집이 가까웠기 때문에 윤두서는 이익의 세 형제와 자주 어울렸어요. 그 중에서도 이익의 둘째형인 이서와 가장 가까웠지요. 윤두서가 아들들을 친구인 이서에게 보내 교육을 시킬 만큼 서로를 신뢰하는 사이였습니다.

윤두서는 당시 정권에서 그다지 힘을 쓸 수 없는 남인이었습니다. 오랜 한양 생활에도 벼슬을 얻지 못했던 윤두서는, 어머니가 돌아가신 후 고향 해남으로 내려왔습니다. 사대부로서 자신의 뜻을 펼쳐 보고 싶은 욕망이 누구보다 강한 윤두서였습니다. 그런데 세상은 그런 그를 받아주지 않았지요.

지금은 비록 출세에 대한 모든 희망을 버리고 고향에 내려와 있지

왼쪽 | **자화상** ● 38.5×20.5㎝ | 종이에 엷은 색 | 국보 제240호

자기 얼굴을 스스로 그린 그림을 '자화상'이라고 합니다. 자화상은 누구에게 보여 주기 위해서보다 자기 스스로를 돌아보고 관찰하기 위해 그립니다. 수염 한 올 한 올까지도 정확히 그리고 거기에 정신까지 그릴 수 있어야 훌륭한 초상화라고 할 수 있습니다.

만 가슴속에 담긴 아쉬움까지 전부 사라진 것은 아닙니다. 그런 윤두서의 마음이 자화상을 그릴 때 그대로 녹아들었던 모양입니다. 이익이 금세 알아차린 걸 보니 말입니다.

"이런 말씀 드리는 건 죄송하지만, 자화상을 보니까 형님이 겪으신 고생과 어려움이 오히려 축복이었다는 생각이 드는군요. 형님은 힘드셨겠지만 그 시간이 아니었다면 이런 작품이 나오지 않았을 테니까요. 그리고 보면 자신에게 다가오는 고난이 결코 다 불행만은 아닌 것 같습니다."

"자네 말이 맞네. 처음 해남에 내려왔을 때는 무척 견디기 힘들었지. 무엇보다도 내 자신이 쓸모없는 사람이 아닐까 하는 생각에 괴로웠다네. 얼마나 내가 못나 보이던지, 한동안 집 밖엘 나가지 못했……."

그렇게 말하는 윤두서의 얼굴이 어두워졌습니다. 고통스러운 과거가 떠올라 무척 힘들어 보였습니다.

"그러다 어느 순간 깨달았다네. 이 고통이 내게 피할 수 없는 것이라면 즐겁게 받아들여야 하지 않을까, 하고 말이야. 하늘이 사람을 태어나게 할 때는 분명한 이유가 있어서가 아니겠는가. 마찬가지로 내가 겪는 고난과 역경도 분명히 큰 의미가 있을 거라고 생각했네. 결국 세상일이라는 게 마음 먹기에 달려 있다는 것을 깨달았지."

담담하게 말하는 윤두서를 바라보면서 이익은 가슴이 뭉클해지는 것을 느꼈습니다.

"원래 초상화는 사당에 모셔 놓기 위해서 그리는 그림이 아닌가. 우리나라처럼 유교가 발달한 곳에서는 특히 조상님들을 존경하고 받드는 전통이 강해서 조상님 영혼이 계신 사당에 초상화를 모셔 놓는 것이 당연하게 되었지 않나. 초상화는 그 분을 대신하는 것이나 다름없기 때문에 온갖 정성을 기울여서 그리지. 그 덕분에 우리나라에서 초상화가 발달한 것이고 말이야."

"맞는 말씀입니다. 사당에 모셔진 초상화를 보면 마치 살아있는 분을 대하듯 생생하게 느껴질 때가 많으니까요. 특히 초상화의 주인공이 잘 생겼든 못 생겼든 모습을 사실적으로 그리는 것은 아주 훌륭한 전통이라고 생각합니다. 설령 마마 자국이 온통 얼굴을 뒤덮었다 해도 그 분은 그 자체로 고귀하고 소중한 분이니까요. 인생에서 중요한 것은 눈이 사시냐 아니냐, 피부병이 있느냐 없느냐가 아니잖습니까? 그보다는 본받을 만한 훌륭한 인생을 살았느냐 하는 것이지요. 사당에 초상화를 모셔 놓을 정도의 인물이라면 많은 사람들에게 존경을 받아 마땅한 분들일 것입니다. 그런 분 얼굴이라면 상처 하나까지도 그냥 생긴 것이 아닐 겁니다."

"그렇지. 사당에 초상화를 모시는 것은 돌아가신 분에 대한 추모의 마음이 가장 먼저라고 할 수 있네. 또한 생전의 모습을 본 많은 사람들에게 그 분처럼 훌륭하게 살라는 뜻도 담겨 있지."

"그런데 형님! 그렇게 훌륭한 초상화지만 너무 근엄하고 엄숙해서 딱딱하다는 느낌이 많이 듭니다. 물론 모범이 될 만한 분을 그려서 후세 사람들의 귀감으로 삼으려는 것은 좋지만, 왠지 자연스럽지 못하다는 생각을 지울 수가 없습니다."

"잘 봤네. 엄숙하고 위엄 있는 것이 초상화의 장점이지만 그것이 한계이기도 하지. 그래서 내 자화상에서는 최대한 그 단점을 보완해 보려고 노력했네. 초상화처럼 관복을 입고 의자에 앉아 있는 전체 모습을 그리는 대신, 몸은 생략해 버렸지. 또 내 그림은 사당에 모시는 초상화하고는 의미가 다르지 않겠는가. 누구에게 보여 주기보다는 내 스스로를 돌아보기 위해 그린 것이니까 말이야. 내 자화상을 보면서 제대로 살고 있나 반성해 볼 참이네. 얼굴은 거짓이 없기 때문이야. 내 얼굴에는 내가 살아온 만큼이 담겨 있을 테니까."

윤두서는 문갑 위에 올려 놓은 손거울을 집어 들었습니다. 초상화를 그리는 내내 들고 있었던 손거울에는 자화상 속의 주인공이 들어와 있었습니다. 때론 슬픈 표정으로, 때론 넉넉한 표정으로 거울 속에 들어와 있던 그 사람이 오늘은 웃고 있습니다. 오랜만에 찾아온 반가운 사람 덕분입니다.

이익은 거울을 보고 있는 윤두서의 얼굴에서 굳은 결심을 읽었습니다. 그 얼굴은, 높은 벼슬도 좋고 이름을 알리는 것도 좋지만 더 중요한 것은 하늘을 우러러 한 점 부끄러움이 없이 떳떳하게 사는 것이라고 말하고 있습니다. 이익은 마음으로 깊이 공감하였습니다.

세심하게 관찰하고 열심히 그리다

윤두서는 말을 무척 사랑했습니다. 집에서도 여러 마리를 길렀는데, 하루 종일 바라보는 것만으로도 행복했습니다. 말은 참 신기한 동물입니다. 한번 달리면 천 리에 이를 만큼 힘이 넘치지만, 또 순한 어린아이 같기도 합니다. 고개를 들고 반듯하게 서 있을 때는 또 얼마나 늠름한지요.

종일 말을 관찰한 뒤에 붓을 들어 그리는 일은 큰 즐거움입니다. 말을 좋아해 많이 보고 많이 그린 덕에 윤두서는 '말을 잘 그리는 사람'으로 유명해졌습니다. 잘 보면 잘 그릴 수 있는 법이지요.

그런데 윤두서는 그림을 어떻게 배웠을까요? 예전에는 학교에서 따로 그림 그리는 법을 가르쳐 주지도 않았는데 말이에요. 물론 미술 학원도 없었지요.

윤두서는 ≪고씨화보≫라는 책을 보고 말 그림을 배우기 시작했습니다. 중국에서 펴낸 이 책에는 유명한 화가들이 그린 말 그림이 들어 있었습니다. 뿐만 아니라 난이나 매화, 소나무와 산, 바위 등을 그리는 방법도 자세히 실려 있었지요. 이 책만 있으면 혼자서도 그

버드나무 아래 선 흰 말·유하백마 ● 34.3×44.3㎝ | 비단에 엷은 색

윤두서는 말을 무척 사랑했어요. 그래서 말을 타지 않고 하루 종일 관찰했다고 해요.
버드나무 가지가 바람에 휘날리는 아래 서 있는 흰 말이 늠름해 보이지요?

오른쪽 | **말** ● 각 42×35㎝ | 비단에 색

윤두서는 말을 그릴 때 서 있거나 풀을 뜯거나 뒤를 돌아보거나 새끼에 젖을
먹이거나 모두 세심하게 직접 관찰하여 그렸어요.

조선이 낳은 그림 천재들　77

림 그리는 법을 배울 수 있어 ≪고씨화보≫는 그림 공부하는 사람들에게 없어서는 안 될 교과서였습니다.

　윤두서는 이런 책을 보면서 처음에는 책에 그려진 그림을 따라 똑같이 그렸습니다. 예술은 모방에서 시작하니까요. 아무리 뛰어난 천재라도 처음부터 독창적인 그림을 그리기는 어렵습니다. 그 사실을 알고 있던 윤두서는 좋은 그림들을 보고 베끼면서 왜 그 그림이 훌륭한지를 알게 되었습니다. 붓을 강하고 약하게 쓰는 법과 인물의 표정, 산을 배치하는 방법 등 그림에 대한 모든 것을 모방하면서 배웠지요.

　작품을 보고 모방하는 것도 중요하지만 한 소재를 수없이 많이 그려 볼 필요가 있습니다. 이를테면 윤두서는 말을 그릴 때 말의 갖가지 행동을 직접 관찰하며 끊임없이 그렸습니다. 아무리 책 속 그림이 훌륭하다고 해도 그저 그림일 뿐, 살아 움직이는 말을 대신할 수는 없는 법이지요. 그렇게 관찰하고 자신만의 느낌으로 살아있는 듯 생동하는 말을 그리는 것은 그의 몫이고 임무였습니다. 윤두서는 끊임없이 관찰하고 연습했고, 그 결과 누구보다도 말을 잘 그리는 사람이 되었습니다.

　윤두서는 초상화와 말 그림뿐 아니라 사람들이 사는 모습을 그리는 데도 열심이었습니다. 아낙네들이 나물 캐며 이야기 나누는 모습이나 대장간에서 풀무질을 하고 연장을 만드는 모습을 그렸습니다.

밭에서 쟁기질하는 모습과 산에서 뜯은 나물을 씻는 모습도 그렸지요. 그는 사람들이 살아가는 모습들을 전부 그림으로 남기고 싶어했습니다.

그런데 윤두서가 관심을 보인 분야는 그림만이 아니었습니다. 지도에도 관심이 많아 중국과 일본의 지도를 본떠 그리기도 하고, 지도에 대한 책도 빠짐없이 구해 읽고 급기야 직접 지도를 만들기도 했지요. 여행을 다녀온 사람이 있으면 찾아가 자신이 그린 지도 속 장소와 맞춰 가면서 이것저것 물었습니다.

윤두서가 이렇게 공부하게 된 것은 머릿속으로만 하는 학문이 아니라 실제로도 쓸모 있는 학문을 하고 싶었기 때문입니다. 아무리 멋진 지도라고 해도 너무 오래 전에 그려졌거나 잘못된 곳이 있을 수도 있습니다. 직접 확인해 보고 바로 고쳐야 진짜 쓸모 있는 지도가 되는 것이지요.

윤두서는 악기에도 관심이 많았습니다. 한번은 책을 읽다가 중국 악기인 '금슬'에 대해 알게 되었는데 우리나라에서는 거의 아는 사람이 없었지요. 그래서 윤두서는 수많은 자료를 찾고 자신의 독창적인 생각을 보태 '7현금'을 만들었습니다. 그 후 장악원조선시대 궁중에서 음악과 무용에 관한 일을 담당한 관청에 소장되어 있는 중국의 '금슬'과 비교해 보니 그 모양이 조금도 다르지 않았습니다. 윤두서가 얼마나 치밀하게 공부했는지 알 수 있는 대목이지요.

윤두서는 매사가 그런 식이었습니다. 모든 조선시대 선비들이 그렇듯 주자학이나 예학에 대한 책을 많이 읽었지만, 다른 선비들은 읽기를 꺼리는 패관소설도 즐겨 읽었습니다. 패관소설은 당시 백성들 사이에서 떠도는 이야기를 주제로 한 소설인데, 사대부들은 양반

나물 캐는 여인 ● 윤용 작품 | 27.6×21.2cm | 종이에 엷은 색

윤두서의 손자, 윤용이 그렸어요. 낫을 들고 나물을 캐기 위해 서 있는 여인의 뒷모습이 아주 당당하고 힘 있어 보입니다.

체면에 감히 읽지 않는 책이었지요.

　그러나 윤두서는 그런 권위의식이 없었습니다. 또 천문에 관한 책을 읽을 때는 각 지방을 돌아다니면서 천체를 관찰하고 별의 이동에 대해 연구했습니다. 그뿐만 아니라 병법, 음악, 수학, 의학 등에도 관심이 많아 그 분야의 전문가 못지않게 지식이 풍부했습니다.

　이렇게 살아가는 태도는 그의 아들 윤덕희와 손자 윤용에게 전해졌고, 이 둘 역시 그림을 잘 그렸습니다. 윤덕희는 인물화를 잘 그려 왕의 어진을 그리는 데 참여했고, 윤용은 대담하면서도 파격적인 구도로 〈나물 캐는 여인〉처럼 멋진 작품을 남겼습니다.

　그러나 이들의 작품이 아무리 뛰어나다 해도 윤두서의 〈자화상〉에는 미치지 못합니다. 그 차이는 그들이 받은 고통의 차이에서 오는 건 아닐까요? 뛰어난 재주와 능력을 갖췄으면서도 꿈을 제대로 펼쳐 보지 못하고 접어야 했던 사람과, 그다지 큰 걱정 없이 평범한 인생을 산 사람과는 느낌의 깊이가 다를 것입니다.

　윤두서는 힘든 시간을 보내야 했지만 그 아픔을 삭이고 삭여 〈자화상〉으로 풀어냈습니다. 그 작품을 보고 단지 잘 그렸다는 감탄으로만 끝나지 않고 깊이 감동받은 이유가 바로 그것일 것입니다. 그러니 오늘 내게 찾아오는 고통과 괴로움을 싫다고만 할 일은 아닌 듯합니다.

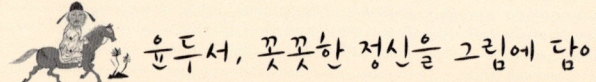
윤두서, 꼿꼿한 정신을 그림에 담아

나물 캐는 아낙네들 · 채애도 ● 30.2×25㎝ | 비단에 먹

윤두서는 초상화, 풍속화, 동물화 등 여러 가지 그림을 잘 그렸는데 특히 풍속화는 그가 즐겨 그렸던 분야이다. 이 그림은 산과 언덕이 너무 기울어져 조금 불안한 구도지만 당시 함께 살아가는 백성들의 생활을 그리고자 했던 윤두서의 의지를 알 수 있다.

흐르는 물에 나물 씻기·채소세수도 ● 지름 21㎝ | 비단에 먹

한쪽 구석에서 나무가 팔을 펼치듯이 공간을 만들어 주고 그 아래 흐르는 물에 나물을 씻고 있는 선비. 이런 구도는 그 이전부터 많은 화가들이 인물화를 그릴 때 즐겨 쓰던 방법이다.

과일과 채소·채과 ● 30.1×24㎝ | 종이에 먹

넓직한 쟁반에 참외, 가지, 수박 등이 담겨 있는 조선시대의 정물화.

스님 ● 57.5×37㎝ | 종이에 먹

단번에 내려 그은 듯한 지팡이와 옷에서 보여지는 시원한 붓질을 통해, 마음 속 깊이 흔들리지 않는 평온함을 간직한 스님의 모습을 감동적으로 그렸다.

말 탄 선비 · 마상처사 ● 98.2×59.7㎝ | 비단에 색

말을 무척 사랑했던 윤두서는 말을 타지 않았지만 그림 속에서는 멋진 말을 타고 있는 늠름한 선비를 그리는 등 다양한 말의 모습을 보여 주었다.

우리 땅과
우리 사람을 그리다

정선 鄭敾 | 1676~1759 숙종2~영조32 | 호는 겸재謙齋, 난곡蘭谷

　　　　조선 후기 진경산수화의 대가. 정선은 어려서부터 그림에 재주가 있어 이웃에 살던 안동 김씨 가문의 김창협, 김창흡 등 '6창' 형제들의 도움을 받았다. 뛰어난 그림 실력과 엄청난 노력으로 조선의 어느 화가보다 많은 작품을 남겼고 후배들에게 큰 영향을 끼쳤다.
　　　　84세까지 장수한 정선은 남종화법을 바탕으로, 우리나라의 아름다운 산천 곳곳을 여행하면서 창의적이고 독특한 구도와 필치로 그린 진경산수화를 완성했다. 특히 〈금강전도〉〈박연폭포〉〈총석정〉 등 명승지를 여행하며 남긴 작품들은 이전에는 찾아볼 수 없었던 새로운 화풍이었다. 늙어서는 안경을 두 겹으로 겹쳐 쓰고 붓질을 할 만큼 부지런했던 그는, 당시 집권 세력인 노론의 후원으로 영조시대에 큰 발자취를 남겼다.

금강산에 넋을 잃다

1711년, 정선 36세

"아니! 이건 우리 조선 사람이 아닌가?"

정선이 단발령 소나무 그늘에 앉아 저 멀리 구름 덮인 금강산을 보며 화첩에 붓질을 하고 있는데, 곁에 있던 김시보가 정선의 그림을 보고 깜짝 놀랍니다.

"네. 그렇습니다. 조선 사람이 금강산에 올랐으니 마땅히 그림 속에도 조선 사람이 들어가야지요."

"흐음, 그렇군. 그럴 수도 있군. 그런데 정말 놀랍네. 이렇게 조선 사람을 그리면 되는데, 그 동안 왜 우리는 그걸 못했을까? 그것 참……."

"모든 것은 처음이 어려운 법입니다. 지금까지 사람들은 그림에 사람을 그려 넣을 때, 조선 사람이 아닌 중국 사람을 그려 왔습니다. 습관적으로 중국 사람을 그리다 보니 그렇게 그리는 것을 너무 당연하게 생각했던 것이 문제입니다. 하지만 곰곰이 생각해 보니까 조선 사람인 내가 조선 사람을 그려야지 중국 사람을 그려야 될 이유가 없었습니다. 그래서 조선 사람을 그리기 시작했을 뿐입니다."

스승님과 선배들에게 하는 말이니만큼 말투는 공손했지만 정선의 목소리에는 확신과 자신감이 배여 있었습니다.

"그래. 그건 자네 말이 맞네. 시와 음악에서는 이미 우리 조선 사람을 주인공으로 하는 작품들이 많이 나왔지 않은가? 그런데 그림에서는 여전히 그런 문제의식이 없었지. 그게 언제나 아쉬웠는데 오늘 자네가 해결해 주었네, 그려. 정말 대단한 일이야. 그러고 보니 자네가 그린 금강산도 이전에 보던 산수화하고는 뭔가 다른 것 같군. 왠지 친근한 것이 진짜 우리 산이란 생각이 들어."

이번에는 정선의 그림과 금강산을 번갈아 보던 정동후가 거들었습니다. 이들 곁에서 이야기를 듣고 있던 스승, 김창흡은 흐뭇한 미소를 지으며 연신 고개를 끄덕거립니다.

오늘 풍악산을 오른 사람들은 모두 김창흡의 제자들입니다. 김창흡은 당시 권력을 쥐고 있던 노론의 중심인물 가운데 한 사람이었습니다. 그러나 지금은 정치에 싫증을 느끼고 복잡한 속세를 떠나 이곳저곳 여행을 다니는 중이지요. 혼자 다니기도 했던 금강산을 오늘은 제자들과 함께 올랐습니다. 당시 사람들은 누구나 한번쯤 금강산 여행을 꿈꾸었으니까요.

우리 민족이 가장 신령스럽게 생각하는 산, 금강산. 그 경치가 하도 아름다워 사계절마다 다른 이름을 붙였습니다. 봄에는 금강산, 여름에는 봉래산, 가을에는 풍악산, 그리고 겨울에는 개골산이라고 불렀지요.

봄 이름, '금강'은 불교에서 나온 말로, '단단하다, 견고하다'라는 뜻입니다. 여름 이름인 '봉래'는 '속세와 동떨어진 신선 세계'를 말합니다. 가을의 '풍악'은 단풍이 아름다워 붙여진 이름이지요. 금강산이 단풍으로 물들면 그 모습이 마치 붉은 비단 장막을 둘러놓은 듯 아름답다고 합니다. 겨울에 부르는 이름, '개골'은 '뼈가 드러나다'라는 뜻입니다. 나뭇잎은 모두 떨어지고 끝없이 이어진 날카로운 바위와 뾰족한 봉우리가 드러난 금강산이 마치 살은 없고 뼈만 남은 듯하다고 해서 붙여진 이름이지요.

김창흡이 이렇게 아름다운 산에 제자들과 함께 온 것은 우리 강산

단발령에서 바라본 금강산 · 단발령망금강 ● 《신묘년풍악도첩》 중에서 | 1711년 | 34.3×39.0㎝ | 비단에 엷은 색

단발령에서 겨울의 금강산인 '개골산'을 바라보고 있는 모습을 그렸습니다. 갓을 쓴 선비들의 모습이 보이지요? 옛사람들은 금강산에 신선이 산다고 여겼습니다. 그래서 이 그림에도 신령스런 금강산과 사람이 있는 곳 사이에 짙은 안개와 구름을 그렸나 봅니다.

의 아름다움을 직접 느껴 보게 하려는 목적이 가장 컸습니다. 큰 나라인 중국의 문화와 산천이 최고라는 생각에서 벗어나 우리가 발을 딛고 사는 우리 강산과 문화가 얼마나 가치 있고 아름다운지 알아주었으면 하는 마음이었습니다. 우리 것이 아름답다는 깨달음, 그것은 직접 발을 딛고 다녀 봐야 알 수 있으니까요.

그래서 김창흡은 설악산에 조그만 암자를 지어 놓고 전국을 유람하면서 지내고 있었습니다. 강릉을 비롯한 관동 팔경은 물론이고 금강산도 벌써 다섯 번이나 다녀왔습니다. 그 때마다 다음엔 꼭 제자들과 함께 와야겠다고 생각하면서 말이지요. 이 시대를 대표할 시인과 문장가인 제자들이 금강산을 보고 느낄 감동을 예상했던 것입니다.

김창흡의 예측은 딱 들어맞았습니다. 제자들은 금강산에 빨려 들어갈 듯 넋을 잃고 있었습니다. 그러면서 우리 산천에 어울리는 시와 그림을 생각하는 것 같았습니다. 곁에서 바라보고만 있어도 흐뭇한 일이었지요.

그 중에서도 한창 그림으로 이름을 날리고 있던 정선은 누구보다 깊은 감동을 받은 듯했습니다. 그 모습을 보고 김창흡은 알았지요. 머지않아 조선을 대표할 큰 작품이 그의 손에서 탄생하리라는 것을 말입니다.

우리 산하는 우리 식으로!

정선은 여태껏 흥분이 가시지 않습니다. 그의 손은 마치 신명을 얻은 듯 저절로 움직였습니다. 말로만 듣던 금강산, 두 눈으로 직접 보니 그 감동이 더했습니다. 그러나 감동이 더할수록 절망감도 더했습니다. 자신이 한없이 부끄러웠습니다. 지금껏 그려 온 그림이 얼마나 형편없었는지를 깨닫게 된 것입니다.

정선은 자신이 그림을 아주 잘 그린다고 생각했습니다. 어릴 때부터 그림 그리는 것을 좋아했고 사람들도 항상 칭찬을 아끼지 않았으니까요. 그는 직접 보고 그리는 연습을 수없이 많이 했습니다. 또 중국에서 건너 온 《개자원화보》나 《고씨화보》 같은 그림책을 보며 열심히 그림을 익혔지요.

얼마나 열심이었던지 그가 쓰다 버린 붓을 모아 두면 산을 이룰 정도였다고 합니다. 이렇듯 무진장한 연습 속에서 그는 자신만의 독창적인 그림을 그릴 수 있었습니다. 아니, 그렇다고 생각했지요. 그런데 자신이 그려 놓은 금강산 그림을 보고 깨닫게 되었습니다. 자신이 지금까지 익힌 그림 기법으로는 결코 금강산에서 받은 엄청난 감동과 가슴 두근거리는 놀라움을 담아낼 수 없다는 사실 말입니다.

창날을 세운 듯 뾰족뾰족한 바위산과 천지를 뒤엎을 듯 콸콸 쏟아지던 폭포수, 그 사이사이 솟은 늠름한 나무들이 그림에서는 생기

를 잃고 평범해져 있었습니다. 산은 많아도 금강산은 그 어떤 산과도 다른 금강산만의 위용과 웅장함이 넘쳤습니다. 그런데 자신의 그림 속에 그런 금강산은 사라지고 없었습니다.

'아아, 나는 재능이 없는 걸까……'

정선은 한없이 부끄러웠고 절망스러웠습니다. 도대체 금강산은 어디로 간 것일까요? 누가 그릴 수 있는 것일까요? 자신처럼 그림 연습을 많이 한 사람이 그릴 수 없다면 도대체 어떤 사람이 그릴 수 있다는 것인지 화도 났습니다. 금강산을 여행하면서 조선 사람을 그리겠다고 큰소리쳤던 자신이 한없이 초라했습니다. 갓 쓰고 한복 입은 사람을 그려 넣었다고 해서 조선 그림이 되는 것은 아님을 깨달았기 때문입니다.

정선은 한동안 자신의 재능이 형편없다는 생각 때문에 괴로웠습니다. 붓을 던지고 그림을 그만 둘까도 생각했습니다. 그러나 여기서 포기할 수는 없었습니다. 아무리 절망스러워도 기어코 그 절망을 딛고 일어서야 했습니다. 지금까지 살아오면서 단 한 번도 그림 이외의 길을 생각해 본 적이 없었으니까요. 평생 그림을 그리다가 붓을 쥔 채로 죽을 거라고 결심했으니까요. 그림은 곧 정선의 인생이었고 정선 자신이었습니다.

왼쪽 | **금강산** · 금강전도 ● 1734년 | 130.6×94.1㎝ | 종이에 엷은 색 | 국보 제217호

웅장한 금강산의 전체 모습을 한눈에 볼 수 있게, 마치 비행기에서 내려다보듯 그렸습니다. 왼쪽에는 평범한 낮은 산을, 오른쪽에는 뾰족뾰족한 바위산을 그렸습니다. 특히 바위산에서 서릿발처럼 내려그은 선들은 금강산만이 가진 산 느낌을 제대로 표현할 수 있는, 정선만의 기법입니다.

능력이 부족하다는 생각과 싸우면서도 정선은 한 순간도 붓을 놓지 않았습니다. 오히려 더 열심히 그렸습니다. 전국 방방곡곡을 돌아다니며 우리 산천을 그렸지요. 이 점이 바로 정선이 위대한 이유입니다. 힘들거나 자신을 믿지 못할 때도 계속 그림을 그렸다는 사실 말입니다.

그러면서 문득 깨닫게 되었습니다. 지금까지 해 오던 중국식 그림 기법으로는 조선 산천을 제대로 그릴 수 없다는 것을, 조선의 산과 강은 조선식으로 그려야 한다는 사실을 깨닫게 된 것입니다. 그 때부터 정선의 그림 세계는 완전히 달라졌습니다. 지금까지 배우고 익힌 기법은 모두 버리고 새로 시작했습니다. 진짜 우리 산천에 맞는 선을 찾기 위해 노력했고 산과 언덕을 그리는 새 기법을 개발했지요. 그것이 바로 '진경산수화' 였습니다.

시와 그림을 주고 받으며

1751년 윤 5월 29일, 정선 76세

"내가 자네에게 시를 보내면 자네는 그림을 그려서 보내 주게. 자네 그림이 먼저 도착하면 나는 그걸 보고 시를 지어 보내겠네."

정선은 《경교명승첩》을 뒤적거리면서 시인이었던 친구 이병연

1671~1751을 생각했습니다. 10여 년 전, 정선이 나이 예순다섯에 양천 현령으로 부임하게 되었을 때, 이병연이 이별시를 지어 주며 한 말이었습니다. 평생 시를 써 왔고 풍류를 아는 사람만이 제안할 수 있는 낭만적인 생각이었지요.

정선은 흔쾌히 응했고, 부임하던 해 겨울부터 다음 해 초여름까지 서로 시와 그림을 주고받았습니다. 어느 때는 시가 먼저 도착했고, 시가 늦으면 그림을 먼저 보냈습니다. 그렇게 해서 완성된 그림을 두 벌로 만들어 서로 하나씩 간직하게 되었는데, 이것이 바로 두 권으로 묶은 《경교명승첩》이었습니다. '경교명승첩(京郊名勝帖)'은 남한강과 북한강이 만나는 지점인 녹운탄 지금의 양수리 부근에서 시작하여 한강을 따라 내려오면서 멋있는 장소를 19폭에 담았습니다. 이 시대 가장 빛나는 시인과 화가의 작품이 하나로 묶여질 수 있었던 것은 순전히 이병연의 멋진 아이디어 덕이었습니다.

그런데 이제 그는 가고 없습니다. 오늘 아침, 정선보다 다섯 살이 많았던 친구 이병연은 조용히 눈을 감았습니다. 평생 시를 다듬으며 부끄럼 없이 살았던 사람이라서 그의 죽음은 편안해 보였습니다.

한양에서 태어난 정선은 어린 시절을 매우 어렵게 보냈습니다. 열네 살 되던 그의 생일날 아버지가 돌아가셨기 때문입니다. 외가에서 도와주긴 했지만 겨우 끼니를 이을 정도였습니다. 정선은 어려운 집안 형편 때문에 마음 편히 과거 공부에 몰두할 수 없었지요. 그래서 그림을 그리기 시작했습니다. 그림을 워낙 좋아했기 때문에 그림을 그리면서 평생을 산다 해도 행복할 것 같았습니다.

또 집안 형편이 어려운 정선이 선택할 수 있는 길은 그리 많지 않았습니다. 아무리 가정 형편이 어렵다고 지체 높은 양반이 중인들처럼 물건을 만들어 팔거나 장사를 할 수는 없었습니다. 오늘날에는 멋진 공예품을 만드는 사람들이 존경을 받지만 조선시대에는 달랐거든요. 기계를 만들거나 물건을 사고팔아서 돈을 버는 일은 양반이 아니라 중인 이하의 사람들이 하는 천한 일로 여겼습니다.

다만 그림은 예외였지요. 양반이 그림으로 명성을 얻는 것은 그리 부끄럽거나 창피한 일은 아니었어요. 물론 그런 일을 별로 달가워하지 않는 사람도 많이 있었지만요. 정선은 인왕산 아래 살면서 열심히 그림을 그렸습니다.

그런데 정선이 살고 있는 동네에는 당시 권력을 쥐고 있던 노론의 중심인물인 김수항이 살고 있었습니다. 영의정을 지낸 김수항에게는 '육창'이라 불리던 아들 여섯 명이 있었는데, 김창집, 김창협, 김창흡, 김창업, 김창즙, 김창립 등 여섯 형제 이름에 모두 '창' 자가 들어 있었습니다. 그들이 모두 정선을 아껴 주었지요. 그 중에서도 특히, 금강산을 함께 여행했던 김창흡은 정선이 가장 따르던 스승이었지요.

좋은 스승 못지않게 정선의 이웃에는 훌륭한 친구가 살고 있었는데 그가 바로 이병연이었습니다. 정선이 그림을 잘 그렸다면 이병연은 시를 잘 지었지요. 어릴 적부터 옆집에 살면서 두 사람은 서로에게 힘이 되고 격려가 되었습니다.

정선은 무척 부지런한 화가였습니다. 사람들이 재능을 인정하고 비싼 가격에 그림을 샀지만, 결코 자만하지 않고 연습을 게을리하지 않았습니다. 나이 여든에도 안경을 두 겹으로 겹쳐 쓰고 붓질을 할 정도였으니 말입니다. 그의 나이 쉰이 넘어서는 위로는 재상에서부터 아래로는 가마꾼에 이르기까지 '정선'이라는 이름을 모르는 이가 없었습니다. 사람들은 정선의 작은 그림 한 폭이라도 얻게 되면 큰 보물을 얻은 듯 집안의 보배로 삼았습니다.

그렇게 유명한 사람이 되었지만 정선은 친구 이병연에게 작품을 보여줄 때가 가장 행복했습니다. 자신이 힘들 때 용기를 북돋아 주고, 지쳐 있을 때 말없이 손을 내밀던 사람이었으니까요. 이병연의 격려가 있어 정선의 그림이 발전했고, 이병연의 시가 있어 정선의 그림이 빛났습니다. 그런데 오늘 그가 세상을 떠났습니다.

정선은 친구를 보내는 아픔을 달래기 위해 두 사람이 오랫동안 함께 살았던 추억의 장소를 그려야겠다고 생각했습니다. 그것은 또 자신이 살아온 평생을 기념하기 위한 그림이 될 것입니다.

《경교명승첩》을 한참 뒤적거리던 정선은 붓을 들었습니다. 이 세상을 떠나 먼 길을 가는 친구가 외롭지 않도록 자신의 마음을 담아

비가 갠 인왕산 · 인왕제색도 ● 1751년 | 79.2×138.2㎝ | 종이에 먹 | 국보 제216호

비가 오고 난 후 인왕산이 맑게 개었습니다. 산 아래에서 흰 구름이 올라오고 있습니다. 곧 굴러 떨어질 것 같이 무거운 흰 바위는 그 느낌이 잘 살아나도록 하기 위해 흰색이 아닌 검은색으로 칠했습니다. 정선이 76세에 그린 것으로, 진경산수화 중 최고의 작품으로 손꼽힙니다.

그림을 그리기 위해서입니다. 인왕산 아래서 함께 살았던 긴 세월을 기억하도록 그 산을 그릴 것입니다.

자주 비가 내려 언제나 빗물과 안개로 축축이 젖어 있던 인왕산. 인왕산은 특히 흰 바위가 두드러진 산입니다. 안개가 흰 바위를 휘감고 돌 때가 떠오릅니다. 얼마나 아름답던지요! 그 산 아래서 어린 시절을 보냈고 그림 때문에 고민했고, 이제 친구를 떠나 보냅니다. 기쁠 때나 슬플 때나 언제든 가서 기대면 든든하던 인왕산의 흰 바위 그리고 안개…….

정선은 붓에 먹을 묻혀 대략적인 구도를 잡은 다음, 바위와 안개를 그리기 시작했습니다. 인왕산을 최대한 웅장하고 박력 있게 그릴 작정입니다. 거대한 바위산에서 느끼는 감동을 전하기 위해 색은 전혀 쓰지 않고 오직 검은 먹 한 가지만 쓸 것입니다. 그런데 한 가지 고민이 생겼습니다.

흰 바위를 흰색으로 그리자니 산 아래 구름과 같은 색이 되어서 자칫 그림이 가벼워 보일 것 같았지요. 그리고 바위가 가진 무거운 성질도 느껴지지 않을 겁니다. 곧 굴러 떨어질 것처럼 무겁고 견고한 느낌을 주기에는 부족했지요.

'이 부분에서 막히다니…….'

정선은 답답했습니다. 우리 산천을 실감 나게 그리는 것이 진경산수인데, 대충 그리기 좋은 대로 그릴 수는 없는 노릇이지요. 인왕산을 눈으로 볼 때는 몰랐는데 막상 그리려니 이런 문제에 부딪혔습니다.

정선은 붓을 놓고 눈을 들어 인왕산 흰 바위를 올려다봤습니다. 언제 봐도 듬직하고 우람한 바위.

'무겁다…… 굴러 떨어진다…… 웅장하다…… 그렇지! 바위를 검게 그리는 거야!'

그렇습니다. 실경과 똑같이 그리는 것만이 진경산수가 아닌 것입니다. 때로 실제와는 좀 다르게 그리는 한이 있어도 현장의 느낌을 생생하게 전해 주는 것이 진짜 진경산수였던 것입니다. 정선은 멈추었던 붓에 다시 먹을 묻혔습니다. 아주 듬뿍 묻혔습니다.

 # 정선, 우리 땅과 우리 사람을 그리다

만폭동 ● 33×22cm | 비단에 엷은 색

뾰족뾰족 바위산이 마치 창칼처럼 우뚝 서서 만폭동을 에워쌌다. 속도감 있는 붓질 덕에 계곡 사이로 바람이 부는 듯하다.

박연폭포 ● 119.1×52㎝ | 종이에 먹

폭포가 일직선을 그으며 힘차게 쏟아진다. 원래 길이보다 더 길게
그려 마치 폭포 소리가 우렁차고 세차게 들리는 듯하다.

청풍계곡 ● 1739년 | 153.6×59㎝ | 비단에 색

청풍 계곡의 시원한 바람 소리가 들리도록 거침없는 붓질로
바위와 나무를 그렸다.

진경산수화

조선 후기의 그림 가운데 가장 독창적인 그림 분야가 바로 진경산수화입니다. 진경산수화는 '진짜 경치를 그리는 산수화'라는 뜻입니다. 상상이 아니라 실제로 있는 풍경을 그리되 그것을 그리는 방법까지도 포함해 특별하게 부르는 이름인데, 좁게는 18세기에 정선과 그를 따르는 사람들이 그렸던 그림들을 가리키기도 합니다.

강희언, 김윤겸, 정황, 김응환, 김득신, 김석신, 심사정, 정수영, 최북, 이인문, 김홍도 등 셀 수 없이 많은 작가들이 정선이 열어 놓은 진경산수화의 세계로 발을 들여놓아 개성 있는 작품을 남겼습니다. 그들은 조선 방방곡곡을 직접 발로 걸어다니면서 보고 느낀 조선 산천의 아름다움을 열정적으로 그렸습니다.

헐성루 ● 김응환, 1742~1789 | 32×42.8cm | 비단에 엷은 색

영통동입구 ● 강세황, 1713~1791 | 32.8×54cm | 종이

단발령에서 바라본 금강산 ● 이인문, 1745~1821 | 23×45㎝ | 종이에 엷은 색

인왕산 ● 강희언, 1710~1784 | 24.6×42.6㎝ | 종이에 엷은 색

불행에서 명작이 나오다

심사정 沈師正 | 1707~1769 숙종33~영조45 | 호는 현재 玄齋

정선과 더불어 영조시대를 대표하는 선비 화가. 영의정을 지낸 증조부까지는 명문 집안이었으나 할아버지가 과거 시험 부정사건과 영조 독살사건에 관련되어 죽은 뒤, 심사정은 평생 '역적의 후손'이라는 손가락질을 받으며 살았다. 그러나 어려운 여건 속에서도 열심히 그림을 그려서 남종문인화의 대가가 되었다.

공재 윤두서, 겸재 정선과 더불어 삼재(三齋)로 불리는 심사정은 중국의 남종화를 두루 익히고 받아들여 개성 넘치는 화풍을 세운 화가이다. 일생을 그림에 몸 바친 그는 산수는 물론이고 영모·초충·인물화 등 다양한 분야에서 뛰어난 작품을 많이 남겼다. 특히 화조화 분야에서는 〈딱따구리〉〈메뚜기〉 등 참신하고 서정적인 분위기의 그림들로 유명하다.

반가운 소식

1748년 1월 24일, 심사정 42세

'이번에야말로 내가 사람 구실을 할 수 있겠구나.'

심사정의 가슴은 기대감으로 마구 뛰기 시작했습니다. 가만 앉아 있으려 해도 쉽게 진정되질 않습니다. 처음으로 찾아온 이 기회를 어떻게 하면 잘 잡을 수 있을지, 머릿속에서 온갖 생각이 떠올랐다 사라졌다 합니다.

올해 나이 마흔둘. 사대부로 태어나서 남들 같으면 세상에 이름을 알리고도 남았을 나이입니다. 그런데 자신은 여태껏 죄인처럼 그늘에서 살아왔습니다. 태어날 때부터 '파렴치범의 후손'이라는 낙인이 찍혀 걸음마를 배우기도 전에 고개 수그리는 법부터 배워야만 했기 때문입니다.

'할아버지…… 이젠 당신의 저주에서 벗어나게 해 주십시오!'

심사정은 마치 할아버지 심익창 1652~1725 이 눈앞에 있기라도 한 듯 간절한 마음으로 중얼거렸습니다. 그가 노비보다 더한 수모를 받게 만든 사람이 바로 할아버지였습니다. 할아버지는 과거를 볼 때 부정 행위를 하다 들켜서 관직에서 쫓겨나고 유배되었습니다.

예의를 중시하고 사대부의 본분을 따지던 조선 사회에서 파렴치한 행동을 한 죄인의 자손은 벼슬에 나아갈 수 없었을 뿐만 아니라 고개를 들고 다닐 수도 없었습니다. 어디를 가나 손가락질을 당해야 했지요.

할아버지의 죄가 거기서 끝났더라면 그냥 창피하고 말았을지 모릅니다. 그런데 할아버지는 또 역적 음모에 가담하고 맙니다. 숙종의 큰아들인 경종을 따르는 무리와 이복동생인 연잉군 이후의 영조 을 왕으로 세우려는 무리가 왕권을 놓고 갈등하고 있을 때 경종 쪽에 가담했던 할아버지는 연잉군 영조 을 죽이려는 계획을 세웠습니다. 그러나 경종은 곧 승하하셨고, 왕세제였던 영조가 왕위에 올랐지요. 결

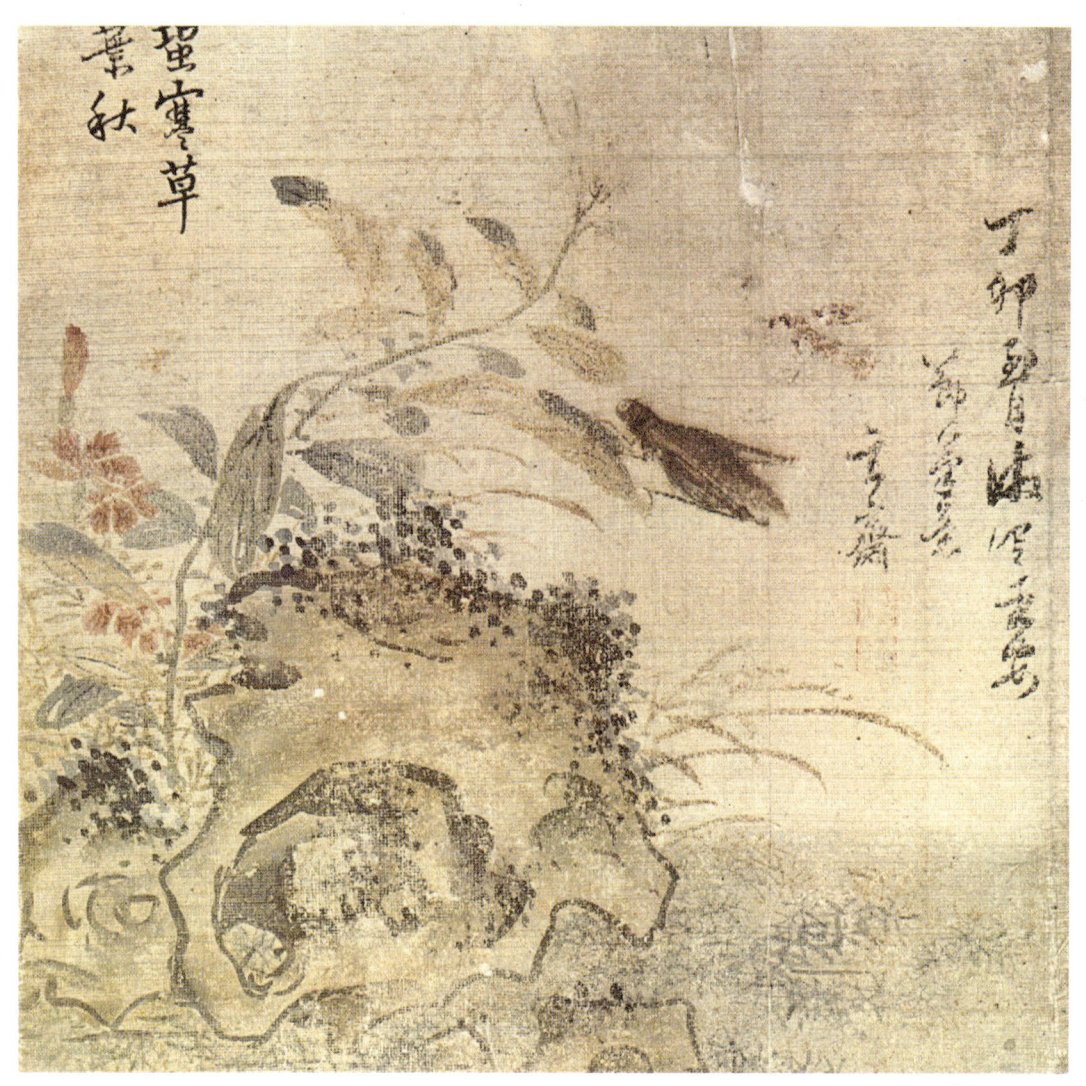

풀잎 위의 메뚜기 ● 1747년 | 23.5×24㎝ | 비단에 엷은 색

초여름에 왕성하게 활동하는 메뚜기는 가을이 되면 알을 낳고 죽습니다. 그런데 찬 이슬 내리는 가을 풀잎 위에서 메뚜기가 떨고 있는 모습을 보자 심사정은 그 메뚜기가 왠지 자신의 모습처럼 생각되었습니다.

국 할아버지는 여러 차례 고문을 당한 후 세상을 떠나고 말았습니다.

역적 집안은 삼대를 없앤다는 말이 있습니다. 할아버지 때문에 그 자식들 즉, 심사정의 큰아버지와 작은아버지는 유배를 가게 되었지요. 다행히 심사정의 아버지는 당시 정권을 쥐고 있던 장인 덕에 화를 면할 수 있었습니다. 그러나 겨우 목숨만을 건졌다는 것이지 살아도 살아 있는 것이 아니었지요.

아버지의 운명은 그대로 심사정의 운명이었습니다. 심사정 역시 아버지와 마찬가지로 벼슬길에 나아갈 수도 없었고 가까이 지내는 친구들도 없었습니다. 사람이 태어나서 희망을 가질 수 없다는 것만큼 큰 불행이 있을까요? 그러나 목숨을 끊을 수 없었던 심사정은 아무런 희망 없는 인생을 어쩔 수 없이 살아야만 했습니다.

역적의 자손으로 살아온, 절망적이고 고통스런 40년 세월을 심사정은 오로지 그림으로 버텨냈습니다. 그가 하루도 붓을 쥐지 않는 날은 없었지요. 몸이 불편해 보기에 딱할 정도로 끙끙 앓으면서도 물감을 만졌습니다. 가까이에 있는 북한산도 가보지 못한 그를 두고 사람들은 세상 물정에 어둡다고 손가락질했습니다. 그러나 어떤 비난에도 개의치 않았습니다. 그에게는 그림이 있었으니까요.

비록 역적의 자손이지만 양반 신분으로 그림을 팔아서 생활했습니다. 부끄러운 일은 아니었지만 자랑스러운 일도 아니었지요. 양반들은 그림을 취미로 그렸지 팔기 위해서 그리지는 않았으니까요.

그러는 동안 심사정은 차츰 그림으로 이름을 얻었습니다. 생활이 어려워 그림을 팔아서 살았지만, 그림을 그릴 때면 궁핍하고 천대받은 쓰라림이나 부끄러움도 잊었습니다. 오직 그림만 생각했습니다. 그림 속에는 역적도 충신도 없었습니다. 단지 자신이 끝까지 밀고 나가야 될 깊은 그림의 세계가 있을 뿐이었습니다. 그는 끊임없이 새로운 그림 기법을 추구해 나갔습니다. 그렇게 잠시도 붓을 놓지 않는 사이, 어느덧 심사정은 그 시대를 대표하는 작가가 되어 있었습니다.

'벼슬길에 나아가면 신명을 다 바치리라······.'

나흘 전에 심사정은 영정모사도감에 감동으로 선발되었다는 소식을 들었습니다. 감동은 국가에서 벌이는 공사나 그 일을 맡아 감독하는 관직이었습니다. 임시직이라서 일이 끝나면 직위도 없어지는 한시적인 벼슬이었지요.

영정모사도감은 왕의 초상인 어진을 그리는 곳이니까 그림을 잘 그리는 사람만이 들어갈 수 있는 곳이었습니다. 그런 곳에서 일할 수 있다는 소식을 들었을 때 심사정은 가슴속에 싸하게 퍼지는 서러움과 뿌듯함을 동시에 느꼈습니다. 여태껏 이름 없이 그림을 그리면서 당해야 했던 서러움과 잘 견뎌준 자신에 대한 뿌듯함이었습니다. 생애 첫 벼슬을 하게 되는 이 순간이 꼭 어둠 속에서 빛의 세계로 나아가는 것 같았습니다.

　그 흥분과 설렘은 사흘 전, 도감에 소속된 관리들과 함께 관복을 입고 경현당경희궁에 있던 건물에 들어가 임금님을 뵙게 되었을 때 최고에 이르렀습니다. 비로소 벼슬길에 나아갔다는 것을 실감할 수 있었지요. 그리고 마음속으로 굳게 결심했습니다. 이렇게 찾아 온 기회를 결코 놓치지 않겠노라고.

좌절과 절망 속에 핀 그림

　'이 추위를 견디고 기어이 아름다운 꽃을 피워 올리는 매화를 그리고 싶다……'

　아직 눈 덮인 겨울에 가장 먼저 피어나는 꽃. 봄은 멀었다고, 어쩌면 오지 않을지도 모른다고 다른 꽃들이 엄두도 내지 못할 때도 거침없이 고운 꽃을 피워 올리는, 힘들지만 지금 꽃을 피워야 한다고 겁 없이 팍팍 꽃송이를 터트리는 매화.

　심사정은 갑자기 매화를 그리고 싶었습니다. 그 고운 꽃잎과 봄을 그리워하는 순결한 마음을 그리고 싶었습니다. 그는 차분한 마음으로 물감을 준비합니다. 붉은색 물감을 갖춰 놓고 먹을 갈기 시작했습니다. 먹을 갈면서 온몸이 부르르 떨리는 것을 느낍니다. 올겨울은 유난히 추웠지요. 가만 앉아 있어도 이가 딱딱 부딪칠 만큼 추위는 매서웠습니다.

그런데 심사정이 추운 것은 단지 바깥 추위 때문만은 아니었습니다. 마음이 추웠던 것이지요. 그 추위는 아무리 옷을 두껍게 입어도 사라질 것 같지 않았습니다. 가슴 깊은 곳에서 꽁꽁 얼어 버린 한이 사라져야 풀릴 테지요.

이제 비로소 희망을 가질 수 있을 거라고 생각했는데 지나친 욕심이었나 봅니다. 역적의 자손이 감히 희망을 품었다는 것이 말이에요. 어제까지 설레던 마음은 어디로 간 것일까요? 정말 설레던 순간이 있기는 했던 것일까요? 어쩌면 그것은 진짜 있었던 일이 아니라 머릿속으로 상상했던 일이었는지도 모릅니다.

오늘 심사정은 자신이 감동에서 해임되었다는 소식을 들었습니다. 영조의 편에 섰던 노론에 속한 원경하라는 사람이 상소를 올려, 역적의 자손에게 어진을 그리게 해서는 안 된다고 주장했습니다. 지금은 노론 세상입니다. 할아버지가 속했던 소론이 힘을 잃은 후 노론의 주장은 법이고 명령이었습니다.

'그래……. 난 아무리 발버둥 쳐도 할아버지의 저주에서 벗어날 수가 없어.'

먹과 벼루가 희뿌옇게 흐려졌습니다. 먹을 갈고 있는 손이 두세 개로 겹쳐 보입니다. 아무리 참으려고 해도 눈물이 계속 흘러 내렸습니다. 정말 잘 할 수 있었을 텐데……. 기회만 주어진다면 모든 사람들이 깜짝 놀랄 만큼 그림을 잘 그릴 자신이 있었는데……. 심사정은 한없이 눈물을 흘렸습니다.

그러나 심사정은 알지 못했습니다. 할아버지의 저주로만 생각했던 불행 때문에 조선을 대표하는 위대한 화가가 되었다는 것을 말이지요. 자신을 짓누르는 바위 같은 좌절이 있었기에 딴 데 한눈 팔지 않고 오로지 붓을 잡을 수 있었다는 것을 말입니다. 그것은 저주이자 축복이었고 불행이자 행복이었지요.

뜻을 펼칠 수 있는 길이 막혀 그림으로 대신했고, 가슴속에 쌓인 울분과 한을 풀기 위해 붓을 들었지요. 내가 왜 이렇게 살아야 되느냐고 소리치고 싶을 때도 그림을 그렸지요. 기쁠 때나 슬플 때나 힘들 때나 편안할 때나 그가 할 수 있는 일은 오직 그림밖에 없었습니다. 그러니까 결과적으로 그가 겪은 불행은 살아가는 데는 힘들었지만 위대한 예술가를 만드는 데는 가장 좋은 토양이었던 것입니다.

얼마나 시간이 지났을까요. 슬픔과 좌절감으로 막막히 먹을 갈고 있는 사이, 먹은 붓을 적셔도 좋을 만큼 알맞게 진해져 있었습니다.

'매화…… 매화를 그리고 싶다…….'

그렇게 생각하며 붓을 드는데 갑자기 며칠 전 뒷산에서 봤던 딱따구리가 떠올랐습니다. 바로 그거다! 그는 비단 위에 늙은 매화나무를 그렸습니다. 오른쪽에서 비스듬히 솟아오른 매화나무는 오랜 세월 추위를 견디고 비바람을 맞아 옹이 지고 껍질이 두껍습니다. 이미 죽은 줄 알았던 고목에 꽃이 피네요. 눈물처럼 아름답고 바람처럼 부드러운 매화꽃이 고목에서 피어납니다. 죽은 것 같던 메마른 고목은 땅 속 깊이 뿌리를 뻗어 맑은 물을 길어 올리는 신성한 나무가 됩니다.

나무를 다 그린 심사정은 그림 중앙에 딱따구리 한 마리를 그리기 시작했습니다. 머리와 배가 붉은 딱따구리입니다. 연하고 작은 꽃잎만 달려 있던 나무 그림이 생기를 띠기 시작합니다. 연한 매화 꽃잎에서 물들지 못했던 붉은빛이 딱따구리 머리에서 진하게 물들었습니다. 딱따구리는 새가 아니라 매화꽃인 듯 아름답습니다.

"딱딱딱, 딱딱딱!"

벌레를 잡기 위해 딱따구리는 부리로 매화나무를 두드립니다. 봄꽃이 떨어집니다. 봄꽃은 떨어지는 모습조차 아름답습니다. 떨어지는 매화꽃에서 소리가 들리는 듯합니다. 그림은 '소리 없는 시'라고 누가 말했던가요? 그림 속의 딱따구리 소리가 떨어지는 꽃잎 속에 '똑똑똑' 담겨 있습니다.

그림에 완전히 빠져서 붓질을 멈추지 못하는 심사정의 얼굴에서 조금 전의 어둡고 절망스런 모습은 찾아보기 힘듭니다. 역시 그는 예술가였습니다. 아무리 슬프고 절망스러워도 붓만 들면 모든 것을 다 잊고 오로지 그림만 생각할 수 있는 진정한 예술가였습니다.

딱따구리 ● 25×18cm | 비단에 색

아직 눈이 다 녹지 않은 한겨울에 매화꽃이 피었습니다.
딱따구리가 부리로 나무를 쪼아 대자 연분홍 꽃잎이 떨어집니다.

고단한 삶도 붓을 들면 사라져

"아! 이 사람아……."

심사정이 감동에서 해임되었다는 소식을 듣고 가장 먼저 달려온 사람은 김광수였습니다. 그런데 김광수는 심사정이 그린 〈딱따구리〉를 보고 깜짝 놀랐습니다. 자신의 예상이 완전히 빗나갔기 때문입니다. 집을 나설 때만 해도 김광수는 심사정을 무척 걱정하고 있었습니다.

김광수는 아버지가 이조판서를 지낸 명문가의 자손입니다. 진사 시험에 합격했으나 '화려한 것이 싫어서' 과거 시험을 포기한 채, 오로지 그림과 글씨를 모으고 감상하며 살고 있지요. 그는 중국 그림은 물론이고, 글씨, 귀한 먹과 벼루, 각종 붓 등을 모았습니다. 좋은 그림이나 글씨가 있으면 가지고 있는 재산을 털어서 사들이는 까닭에 집에 있는 하인들마저 몰래 도망칠 정도였습니다. 이렇게까지 글씨와 그림을 좋아하고 수집한 덕에 김광수는 이 시대 최고의 안목을 가지게 되었습니다.

이런 사람이 오늘 심사정 집에 왔습니다. 해임된 소식을 듣자마자 한달음에 달려온 것은 그만큼 심사정의 작품을 인정하고 아낀다는 증거였지요. 오는 내내 김광수는 마음이 초조했습니다. 그가 받았을 상처를 생각하니 어떻게 위로해야 할지 난감했습니다. 혹시 실망이 너무 커서 그림을 포기하지는 않을까 무척 걱정되었습니다.

그런데 와서 보니 뜻밖에 심사정은 너무도 담담해 보였습니다. 그뿐만이 아닙니다. 그 앞에 놓여진 〈딱따구리〉는 도저히 절망에 빠진 사람이 그린 그림이라고는 생각할 수 없을 정도로 밝고 고왔습니다. 아무리 행복한 사람이 그려도 이렇게 아름다울 수는 없을 것입니다.

그림을 보는 순간 김광수는 그동안 심사정이라는 화가를 제대로 모르고 있었다는 사실을 깨달았습니다. 어떤 어려움이 있어도 절대 붓을 놓지 않을 사람이라는 것은 몰랐지요. 설령 붓을 들더라도 오늘 같은 날에는 마음을 다스릴 뭔가를 그릴 줄 알았습니다. 이를테면 한겨울에도 푸르게 지조를 잃지 않는 대나무나, 복잡한 세상일을 떠나서 지친 영혼을 내려놓을 수 있는 산수화 같은 거 말입니다.

그런데 지금 심사정이 그린 〈딱따구리〉는 전혀 상상하지 못한 작품입니다. 이 그림은 어떤 외부 충격에도 절대로 영향 받지 않는 심사정만의 세계가 있다는 것을 보여 준 것입니다. 김광수는 〈딱따구리〉를 보면서 예술작품을 향한 예술가의 의지가 얼마나 절대적이고 숭고한 것인지 다시 한 번 깨달았습니다.

〈딱따구리〉를 보느라 한참 말을 잊었던 김광수가 갑자기 심사정의 손을 잡았습니다. 그리고 눈을 지그시 바라보면서 말합니다.

"우리 시대 최고의 작가가 누구냐고 하면 모두가 겸재 정선을 드는 데 주저하지 않을 게야. 겸재 어른은 쓰다 버린 붓이 산을 이루었을 만큼 많은 노력을 하신 분이지. 대단하신 분이란 건 틀림이 없어. 그런데 겸재 어른이 오늘날과 같은 명성을 얻게 된 데는 옆에서 후원해 주고 길러 준 스승과 동료들 덕이 크다는 걸 자네도 잘 알 걸세."

"네……."

"그러나 자네는 정반대였지. 떳떳하지 못한 가문에서 변변한 후원자 한 명 없는 데다 경제적인 어려움까지 겹쳤으니 그 얼마나 힘들었겠나. 그럼에도 불구하고 보통 환쟁이들이 도달할 수 없는 남종문인화의 깊은 세계를 펼쳐 보였으니 자네야말로 인생을 제대로 산 것일세."

"과찬이십니다."

"아닐세. 자네는 그보다 더한 찬사를 받아도 부족하다네. 나처럼 그림을 좋아하는 사람에게 자네는 얼마나 귀한지 모르네. 만약 자네같이 재능 있는 사람이 환경 때문에 그림을 포기했다면 우리가 얼마나 큰 예술가를 잃었을지 생각만 해도 아찔하네. 그래서 자네가 그저 고맙고 감사하다네. 앞으로도 힘들고 고생스럽겠지만 절대 포기하지 말고 그냥 이대로만 살아 주게. 자네 그림은 우리 시대뿐만 아니라 후손들에게 두고두고 전해질 명작이니 말일세."

 심사정, 불행에서 명작이 나오다

두꺼비 신선 · 하마선인 ● 22.9×15.7cm | 비단에 엷은 색

신선 하마에게는 세 발 달린 두꺼비가 있었는데 이 두꺼비는 하마를 세상 어디든 데려 갈 수 있는 능력을 가졌다. 그런데 가끔 우물로 도망을 치곤 했다. 그럴 때마다 신선은 동전이 달린 끈으로 두꺼비를 끌어올렸다고 한다.

아기 신선이 바다를 건너다 · 선동도해 ● 27.3×22.5cm | 종이에 엷은 색

천진난만한 아이가 쪼그리고 앉아 잠이 들었다. 그는 지금 갈댓잎을 타고 바다를 건너는 중이다. 이 그림은 달마 스님의 이야기를 새롭게 바꾼 것이다.

뱃놀이 · 선유도 ● 1764년 | 27.3×40cm | 종이에 엷은 색

선비들이 꿈꾸던 세계. 친한 벗과 배를 타고 물결치는 바다에 나왔는데 배에는 책과 매화 꽂은 병, 술잔이 있고 늙은 나무에는 학이 날아와 앉았다. 더 이상 바랄 게 없다.

깊은 밤, 강에 정박한 배 · 강상야박
● 1747년 | 153.2×61㎝ | 비단에 먹

'들녘에 나 있는 길은 깊은 구름으로 캄캄한데, 강 위에 뜬 배는 불만 홀로 밝구나'라고 시가 적혀 있다. 손님은 오지 않고 어둠 속에 안개만 내려앉은 고즈넉한 강가의 풍경.

위대한 시대가 천재를 낳다

김홍도 金弘道 | 1745~? 영조21~? | 호는 단원 檀園, 단구 丹邱, 서호 西湖

　　　　　조선 후기의 대표적인 화가. 당시 최고의 문인화가였던 강세황의 추천으로 도화서 화원이 된 김홍도는 어린 나이에 영조와 정조 어진을 그리는 데 참여할 정도로 실력을 인정받았다. 외모가 수려하고 도량이 넓어 신선과 같았다는 그는 그림뿐 아니라 시와 음악에도 뛰어난 예술가였다.
　　그림에 관한 일은 모두 김홍도에게 맡기라고 할 만큼 정조는 김홍도를 인정하고 아꼈다. 1758년 정조의 명을 받고 금강산을 그리기도 했던 김홍도는 정조가 승하한 뒤 안타깝게도 병과 가난에 시달리며 생을 마쳤다. 많이 알려진 풍속화만이 아니라 진경산수와 인물화, 풍속화, 신선도와 화조화 등 모든 분야에서 두루 뛰어난 재능을 보여 화가에게 최고의 찬사인 '신필(神筆)'이라 불렸던 조선 최고의 화가이다.

조선의 얼굴, 풍속화

1783년 가을 어느 날
"종아리 걷어라."
"큭큭큭……"
"히히히히……"
아, 오늘은 왜 이렇게 운이 없는 걸까요? 숙제라면 항상 빠뜨리지 않고 해 왔었는데 하필 오늘처럼 준비 안 한 날 걸렸습니다. 돌쇠하고 떠들지만 않았어도 들키지 않았을 텐데 내가 왜 그랬는지 원망스럽습니다. 그런데 기혁이, 주철이는 그렇다 쳐도 함께 떠든 돌쇠 자식은 뭐가 좋아서 저렇게 웃고 있는지 얄미워 죽겠습니다. 이 자식들, 너희들도 다음에 걸릴 때 보자. 내가 가만있나. 하루 종일 놀려줄 테다. 나쁜 놈들아!

회초리를 맞기 위해 대님을 풀고 있는 오늘의 주인공이 훌쩍거리고 있습니다. 주인공은 어제 배운 책을 펼쳐 놓고 뒤로 돌아앉아 그 내용을 외워야 했습니다. 그것을 '공부 바친다'라고 하지요. 그런데 도통 기억이 나지 않는군요. 제대로 외우지 않았으니까 당연한 일이지요. 어제 딱지치기에 정신이 팔려 시간 가는 줄 모르고 놀다가 그만 해를 넘기고 말았습니다. 항상 딱지가 문제입니다. 종아리 맞을 생각을 하니 떨려 죽겠는데 친구들은 키득키득 웃기만 합니다. 정말 의리 없는 놈들이지 뭡니까? 내가 저런 치사한 놈들하고 다시는 함께 안 논다, 안 놀아! 두고 봐라, 이 자식들아.

훌쩍이는 아이와 킥킥거리는 친구들, 그리고 터져 나오는 웃음을 참느라 잔뜩 인상을 찌푸리고 있는 훈장 선생님을 그리던 김홍도는 그만 자신도 모르게 웃고 말았습니다. 어제 서당에 들러 봤던 모습이 떠오르면서 어린 시절이 생각났기 때문입니다. 벌써 20여 년도 더 지난 일인데 바로 어제 일처럼 생생합니다.

어린 시절, 정말 철없었던 시절 왜 우리들은 그다지도 훈장님 속을 썩였는지 모르겠습니다. 아침에 집을 나와 서당에 간다면서 도랑에서 가재 잡던 일, 글을 따라서 읽으면서도 옆에 앉은 동무의 옆구리를 꼬집다 들킨 일, 훈장님이 잠시 안 보는 틈을 타서 건너편 동무에게 제기를 던지던 일, 소리 맞춰 큰 소리로 소학을 읽으면서도 가만있지 못하고 뽀스락거리던 일……. 지금은 모두 그립기만 합니다. 어린 시절에 대한 그리움을 담아 붓을 들기 위해 어제는 서당에 다녀온 것입니다.

'아…… 그립구나! 벌써 이십여 년이 훨씬 더 지났다니, 세월 참 빠르군.'

지금 김홍도는 사람들 사는 모습을 화첩에 그리는 중입니다. 이 화첩은 임금님께 보여 드릴 것입니다. 정조는 백성들이 편안하고 아무 근심 걱정 없이 살 수 있는 정치를 하고자 했습니다. 그러자면 우선 백성들이 어떻게 사는지 알아야 하지요. 백성들이 어떻게 일하고 어떻게 생활하는지, 또 어떤 놀이를 좋아하는지 궁금한 것이 많았습니다. 그렇다고 임금이 직접 백성들이 사는 곳에 가 볼 수도 없었습니다.

이런 고민을 알고 있던 김홍도는 풍속화를 그려야겠다고 생각했습니다. 꼭 임금뿐만 아니라 누구라도, 백성들이 사는 모습을 알고 싶은 사람들을 위해 화첩을 만들어야겠다고 다짐했지요. 그래서 백성들이 사는 모습을 화첩에 한 장 한 장 그려가기 시작했습니다.

서당 ●《단원풍속도첩》중에서 | 27 × 22.7㎝ | 종이에 엷은 색

딱지치기를 하느라 어제 배운 부분을 외우지 못한 친구가 종아리를 맞으려고 대님을 풀고 있습니다.
사방에서 웃음이 터져 나옵니다.

〈타작〉〈기와 이기〉〈대장간〉〈논갈이〉〈자리 짜기〉〈길쌈〉〈고기 잡기〉 등 백성들이 일하는 모습을 그렸습니다. 또 〈씨름〉〈춤추는 아이〉〈활쏘기〉〈고누놀이〉 등 놀이와 여가를 즐기는 모습, 〈주막〉 〈나룻배〉〈빨래터〉〈행상〉〈점심〉 등 백성들이 살아가는 모습을 그렸습니다.

이런 그림들은 특별한 장면이 아닙니다. 멋진 장소를 그린 것도 아니고, 특이한 행사 장면도 아닙니다. 사람 사는 곳이라면 어디서든 볼 수 있고 언제든 일어날 수 있는 조선 백성들의 평범한 하루였던 것이지요.

하지만 이처럼 평범한 소재였기 때문에 조선시대를 대표하는 그림이 될 수 있는 것입니다. 수백 권의 책이나 논문보다 김홍도의 그림 한 장이 조선시대를 더 정확하게 보여 줄 수 있으니까 말이지요.

김홍도는 이런 풍속화를 그릴 때면 대상을 유심히 관찰했습니다. 어떻게 하면 그림을 보는 사람이 마치 그 장소에 있는 것처럼 친근하게 느낄 수 있을지 연구했습니다. 〈서당〉도 마찬가지입니다. 서당은 대부분 가난한 학생들이 다니는 학교입니다. 부잣집 도련님은 스승을 따로 모시고 공부를 했으니까요. 배우려는 학생들의 진지함과 가르치려는 훈장님의 열의가 느껴지는 서당 그림. 그러나 너무 엄숙하게 그리면 재미가 없을 것입니다.

방문을 열고 들어가면 금세라도 깔깔거리는 소리가 들릴 것 같은

《단원풍속도첩》중에서 ● 각 27×22.7cm │ 종이에 엷은 색 │ 보물 제57호

씨름 '엎어뜨려', '메어쳐' 흥분한 구경꾼들이 소리치고 야단입니다.

나룻배 당시 서민들의 교통수단인 나룻배에 사람과 가축이 함께 탔습니다. 양반과 상민과 여자와 남자도 탔습니다.

춤추는 아이 덩더 쿵더쿵! 장구와 피리 소리에 맞춰 아이가 춤을 춥니다. 춤판이 후끈 달아오릅니다.

자리 짜기 큰소리로 글을 읽고 있는 아이, 그 소리에 부모님은 물레질과 자리 짜기의 수고로움을 잊습니다.

기와 이기 눈으로 재 보고 대패로 깍고 기와를 올리면서 멋진 집을 짓습니다.

서당이어야 합니다. 장가든 학생도 있고 어린아이도 있는 곳. 새가 집을 짓게 생긴 더벅머리 아이도 있고 반듯하게 빗질하고 온 아이도 있는 곳. 서당에 앉아 있는 아이들 모습만 봐도 그 집 사정이나 형편을 읽을 수 있는, 그런 그림이어야 합니다.

양쪽 무릎에 두 손을 짚으신 훈장 선생님은 언제나 근엄하기만 하셨습니다. 머리에 쓴 탕건 하나로 위엄을 내보이시던 훈장 선생님. 그 분도 과연 우리처럼 어린 시절이 있었을까 싶게 훈장 선생님이 체질이셨던 분. 인생에서 크게 성공하지는 못했지만 동네 사람들로부터 존경받는 분. 그 모습도 아이들만큼이나 중요합니다.

'매 맞는 아이가 중심이긴 하지만 여기 등장하는 모든 사람들이 주인공이 될 수 있는 그림을 그려야 한다.'

김홍도는 〈서당〉의 구도를 잡을 때 그런 생각을 했습니다.

매 맞는 아이의 옷주름 선을 그릴 때는 선을 진하게 했습니다. 그런데 옷주름 선이 한 번에 이어지지 않고 툭툭 끊어져 있습니다. 울고 있는 아이가 덜덜 떠는 모습을 선으로 표현한 것입니다. 주인공 위쪽에 앉은 세 아이의 옷주름선은 주인공보다 두드러지지 않도록 연한 색으로 죽 이어서 그렸습니다.

학생들 자리도 '장유유서_{어른과 아이 사이에는 차례와 질서가 있다는 뜻}'에 따라 순서를 잊지 않았습니다. 훈장님 바로 곁, 맨 윗자리에 갓을 쓰고 앉아 있는 사람은 이번에 장가 간 새신랑입니다. 나이에 상관없이 장가 간 사람은 어른 대접을 해 줘야 하지요. 그 곁에 단정하게 옷을 입은 두 아이는 새신랑만큼 나이가 많습니다. 머리를 아무렇게나 빗고 입구 쪽에 앉은 두 아이는 나이가 가장 어립니다.

이렇게 아이들을 제자리에 다 앉히고 나자 그림 속에서 훌쩍거리는 소리와 킥킥거리는 소리가 들리는 듯합니다. 김홍도는 만족스런 미소를 짓습니다. 이 그림을 볼 사람들도 틀림없이 자신처럼 아이들의 소리를 들을 수 있을 거라 생각합니다. 그리고 그 생각은 틀리지 않았습니다.

조선 최고라 불리다

1795년, 정조의 화성 원행이 있던 해

"관복을 차려입고 늘 관청에 나와서 근무하라는 어명이시오!"

정리의궤청의 당상 조선시대 높은 벼슬아치이 김홍도에게 임금의 명을 전했습니다. 김홍도는 공손하게 머리를 조아리며 어명을 받들었습니다. 평소 김홍도에게 지극한 애정을 보여 주시던 분이 정조 임금이었습니다. 김홍도의 작품을 볼 때마다 칭찬을 아끼지 않으셨지요. 그런데 가끔씩 보는 것만으로 부족해 아예 날마다 관청에서 근무하라고 말씀하신 것입니다. 언제든 왕이 부르면 달려갈 수 있도록 가까운 곳에 있으라는 뜻이지요.

김홍도는 이번 ≪원행을묘정리의궤≫ 제작을 맡게 되었습니다. 물론 의궤는 자비대령화원들이 주축이 되어 만들겠지만 김홍도는 자비대령화원이 아닌데도 중요한 역할을 맡게 되었지요.

'화원'이란 궁중에서 그림 그리는 일을 하는 화가들입니다. 그 가운데 특히 뛰어난 화가들은 시험으로 뽑아서 언제든 부르기만 하면 '차비'를 하고 나갈 수 있게 했지요. 그런데 궁중에서는 '차비' 같은 된소리나 거친 소리를 잘 쓰지 않기 때문에 부드러운 '자비'로 바뀐 것입니다. 그러니까 '자비대령화원'은 부르면 언제든지 일할 수 있도록 '차비'를 하고 '대령'하고 있는 '화원'이란 뜻이에요. 실력 있는 화원들 중에서도 다시 시험으로 뽑힌 사람들이라서 자부심이 대단했습니다.

'의궤'란 나라의 큰 행사 장면을 담은 그림과 기록입니다. '원행'은 정조가 아버지 사도세자가 묻혀 있는 곳 수원 화성 현륭원에 다녀온 일을 가리킵니다. 즉 '원행을묘정리의궤'란 을묘년에 화성의 사도세자 능에 다녀온 일을 기록한 내용과 그림이란 뜻이지요.

그렇다면 '정리'는 무슨 뜻일까요? 의궤는 하나만 만드는 것이 아니라 똑같은 내용을 여러 벌 만들었어요. 게다가 원행은 작은 행사가 아닙니다. 참석한 사람만 1천 700여 명이나 되고 동원된 말은 또 800여 필이나 되었죠. 이렇게 많은 사람들과 물자들이 움직이는 행사 장면을 그리려면 자비대령화원뿐만 아니라 궁중의 모든 화원들이 매달려도 손이 부족할 정도입니다. 얼마나 바빴을지 충분히 상상이 되지요?

예전에는 그림과 글씨를 쓸 때 일일이 손으로 베꼈어요. 그러다 보니 시간이 너무 많이 걸려서 여러 벌을 만들기가 힘들었지요. 그런데 이번에는 손으로 베끼는 '필사본' 대신 금속 활자를 만들어 쓰기로 했어요. 그림 또한 목판화로 새기기로 했고요. 역사상 처음으로 목판화와 금속 활자로 인쇄된 의궤가 탄생하게 된 것입니다. 여기에 쓰인 금속 활자가 바로 '정리자(整理字)'였던 것이지요.

금속 활자와 목판화를 쓴 덕분에 '원행을묘정리의궤'는 100여 부를 찍어낼 수가 있었습니다. 손으로 베끼는 필사본이었다면 많아야 8벌쯤이었을 텐데 말이에요. 대단한 발전이고 변화지요.

"전하의 기대가 그 어느 때보다도 크신 만큼 의궤 제작에 성심을 다해 완수해야 할 것이야."

이번 의궤 제작에서 총책임을 맡은 우의정의 당부가 아니라도 김홍도는 정말 잘해야겠다는 생각을 하고 있었습니다. 정조는 김홍도의 그림을 알아봐 주고 사랑한 임금이었으니까요. 영웅은 영웅을 알아보듯, 위대한 왕은 위대한 예술가를 알아본 것입니다. 김홍도가 천 년에 한 번 날까 말까 한 특별한 예술가라는 사실을 말이지요.

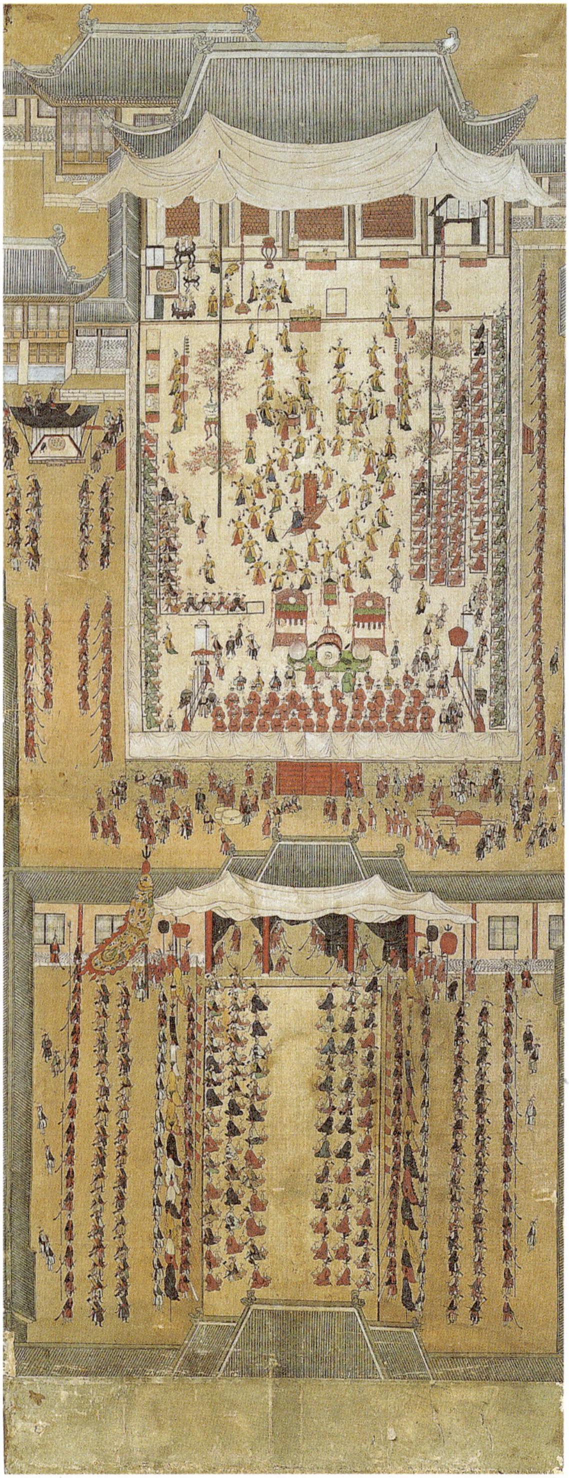

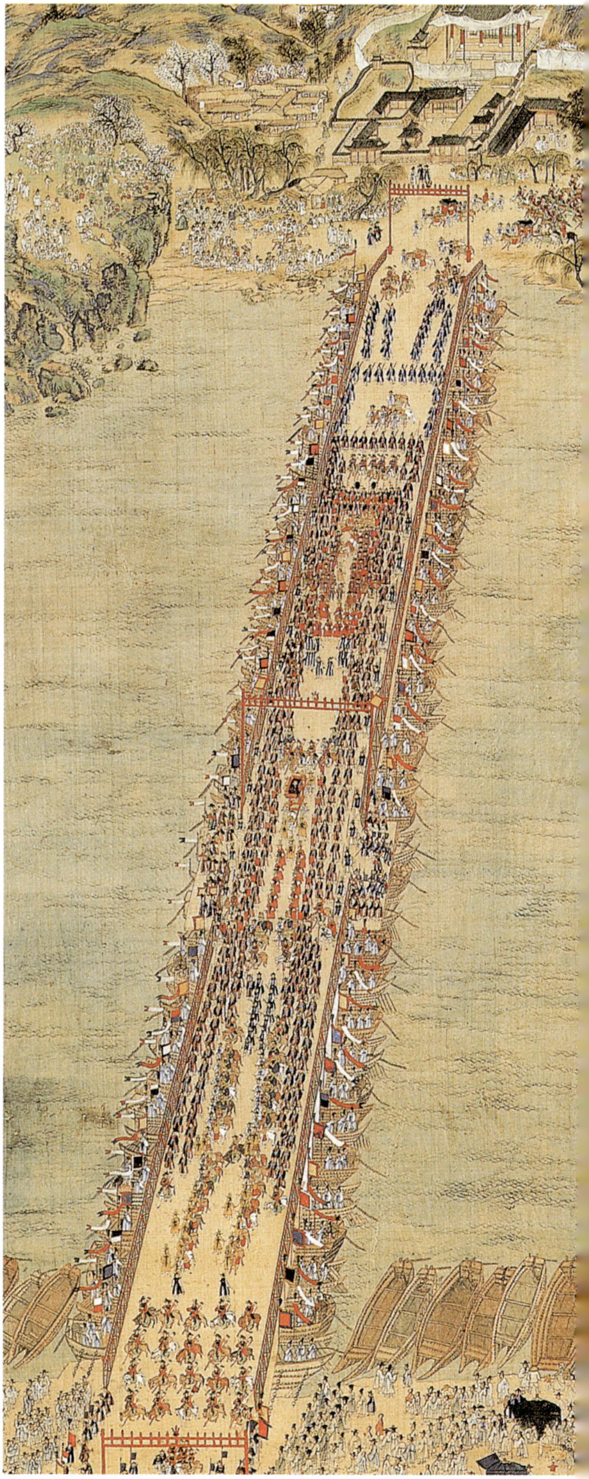

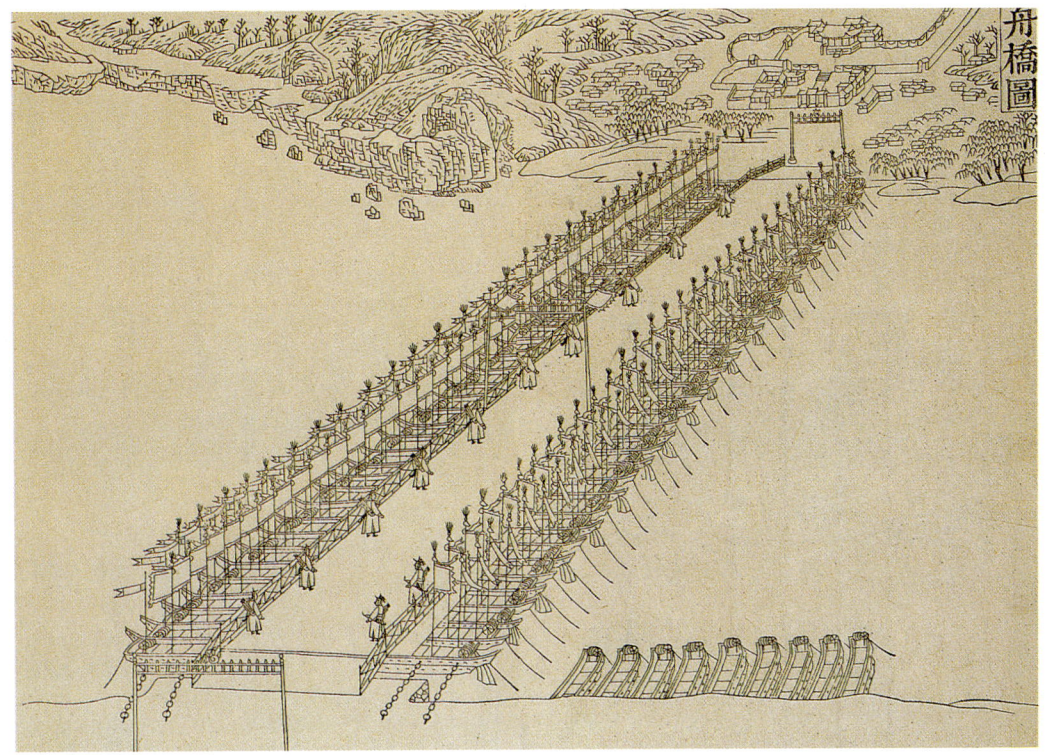

한강 배다리 ● 《원행을묘정리의궤》 중에서 | 24.1×33.6㎝

이렇게 행사 장면 그림을 목판으로 새기고 '정리자'라는 금속활자로 찍어서 의궤를 100여 개나 만들었어요. 목판이기 때문에 일일이 손으로 그리는 것에 비해 손쉽게 많이 찍어 낼 수 있었겠지요? 옆에 병풍으로 그린 〈한강 배다리〉와 비교해 보세요.

《수원능행도 병풍》 중에서 ● 각 163.7×53.2㎝ | 비단에 색

1795년에 정조가 어머니를 모시고 아버지 사도세자의 능에 다녀온 행사를 그린 병풍. 중요한 행사 장면을 의궤 가운데서 뽑아 8폭 병풍으로 여러 벌을 만들어 각기 다른 장소에 보관했습니다.

맨 왼쪽 | **봉수당에서 열린 회갑 잔치** ● 제3폭

정조가 어머니 혜경궁 홍씨의 회갑을 맞이해 화성행궁의 봉수당에서 베푼 축하 잔치. 위에서 내려다보듯 그려 행사 모습을 한눈에 알 수 있습니다.

왼쪽 | **한강 배다리** ● 제8폭

행사를 끝내고 한강에 설치된, 배로 만든 다리를 건너 궁으로 돌아오는 임금의 행렬. 행사도에서 왕은 함부로 그리지 않고 대신 빈 의자나 빈 말로 위치만 표시합니다.

꿈은 사라져도 그림이 남다

그런데 정조는 화성으로 여러 차례 원행을 다녀왔는데 왜 하필 1795년 을묘년 원행이 그렇게 중요한 걸까요? 그것은 이때가 정조대왕의 어머니인 혜경궁 홍씨가 회갑을 맞는 해이기 때문입니다. 또 어머니와 동갑으로, 억울하게 뒤주 속에서 돌아가신 아버지 사도세자의 회갑년이기도 합니다. 그러니 아들인 정조에게는 을묘년이 특별한 해였겠지요?

'전하의 마음이 얼마나 아프실까……'

김홍도는 임금을 생각하면 가슴이 슬픔으로 가득 찼습니다.

정조의 아버지를 죽인 사람들은 당시 권력을 쥐고 있던 노론 세력이었습니다. 이 사람들은 너무 똑똑한 사도세자가 자기들에게 비판적이라는 것을 알고 불안했습니다. 만약 그가 왕이 되면 자기들 마음대로 권력을 쥐고 흔들 수 없다고 생각했지요. 그래서 사조세자의 아버지이자 정조의 할아버지인 영조에게 사도세자를 자꾸 헐뜯어서 영조를 화나게 했습니다. 노론 세력의 말만 듣고 아들이 왕이 될 자질이 없다고 판단한 영조는 사도세자를 뒤주 속에 가두어서 죽게 했지요.

노론 세력은 정조가 왕이 되는 것도 불안했습니다. 그래서 여러 가지 방법을 써서 막으려 했지만 다행히 정조는 할아버지 영조에 의해 왕위에 오를 수 있었습니다.

　수많은 방해 속에 어렵게 왕위에 오른 정조는 왕권을 바로 세우기 위해 많은 고심을 했습니다. 그래서 노론 세력의 안마당이나 다름없는 한양을 떠나 신도시수원의 화성로 수도를 옮기려고 했어요. 그리고 자신의 뜻을 실현시켜 줄 젊은 인재들을 규장각에서 키우고, 자신을 지켜줄 친위부대장용영도 길렀지요.

　자비대령화원은 바로 정조의 거대한 포부 속에 설립된 규장각에 소속되어 있었습니다. 그들은 왕이 직접 임명했고 왕의 지시와 통제에 의해서만 움직였지요. 국왕의 절대적인 지지와 후원 아래 움직이는 만큼 이들의 실력과 자부심이 어떠했는지 알 수 있겠지요?

　김홍도는 정조의 각별한 사랑을 받으며 이런 자비대령화원보다 한 단계 더 높은 위치에 있었던 사람입니다. 그런 김홍도의 운명이 1800년에 정조가 갑자기 승하하신 뒤 엄청나게 달라질 줄은 아무도 몰랐습니다. 그것이 인생일까요? 산과 강은 물론이고 신선들과 사람들, 동물과 꽃과 새 등 어떤 그림을 그려도 최고의 작품을 남겼던 김홍도는 인생 말년이 아주 불행했습니다.

　그림으로 조선 팔도를 감동시켰던 김홍도는 육십이 다 된 나이로 이삼십 대 한참 어린 후배들과 함께 자비대령화원에 소속되어 시험을 치르게 됩니다. 외모가 준수하여 신선 같다던 김홍도였습니다. 대화가 김홍도가 새파란 젊은이들 속에 앉아 시험을 치르는 모습을 떠올리면 눈물이 날 지경이지요.

　김홍도가 이렇게 비참한 신세가 된 것은 무엇보다도 정치적인 상황이 변했기 때문입니다. 정조의 왕위 계승을 반대했던 노론들은 정조가 세상을 떠나자 다시 정권을 쥐게 되었습니다. 이 과정에서 남인과 소론, 중인은 정권에서 밀리게 되었고 총애를 받던 김홍도도 예외가 아니었습니다.

　김홍도는 나이가 든 탓인지 병으로 자주 누워 있어야 했고, 경제적으로도 매우 쪼들렸습니다. 아들의 스승에게 다달이 내는 수업료를 보내지 못해 한탄하는 편지가 지금도 남아 있어요. 이 모습을 정조가 봤더라면 어떤 기분이었을까요?

　정조의 자랑이었고 조선을 대표했던 위대한 예술가는 그렇게 역사 속으로 사라졌습니다. 그가 언제 어디서 죽었는지도 알 수 없습니다. 그러고 보니 조선을 대표하는 위대한 화가들인 안견, 김홍도, 신윤복, 장승업 등이 모두 언제 죽었는지를 알 수 없다는 공통점이 있군요. 조선시대에는 화가들의 신분이 그다지 높지 않았기 때문일 것입니다. 지금까지도 안타까운 일입니다.

 김홍도, 위대한 시대가 천재를 낳다

소나무 아래 호랑이 · 송하맹호도
● 90.4×43.8cm │ 비단에 엷은 색

몸을 옆으로 틀고 정면을 바라보고 있는 조선 호랑이가 금세라도 그림 밖으로 튀어나올 것 같다. 호랑이의 터럭 하나하나 세심하고 꼼꼼하게 그린 솜씨가 놀랍다.

여러 신선들 · 군선도 ● 1776년 | 132.8×575.8㎝ | 종이에 엷은 색과 먹 | 국보 제139호

태어나면 언젠가는 죽어야 하는 사람들은 신선을 존경하고 부러워했다. 신선은 늙지도 죽지도 않으며 마음먹은 대로 변신할 수도 있기 때문이다. 축지법을 써서 먼 길을 단숨에 달려갈 수도 있고 도술을 부려 모습을 바꿀 수도 있는 여러 신선들의 모습을 김홍도는 자연스러우면서도 특징이 잘 살아나도록 그렸다.

스님의 뒷모습 · 염불서승도 ● 20.8×28.7㎝ | 모시에 엷은 색

평생 삶과 죽음의 문제를 풀기 위해 치열하게 산 수행자의 뒷모습은 아름답다. 그림 왼쪽 위에 적힌 '단원 늙은이'라는 뜻의 '단노(檀老)'는 김홍도가 말년 작품에 쓴 호이다.

나무 사이로 달빛이 흐르다 · 소림명월도
● 26.7×31.6㎝ | 종이에 엷은 색

바람 한 점 없이 고요한 밤, 나뭇가지 사이로 보름달이 떴다. 세상이 달빛으로 가득하다.

말 위에서 꾀꼬리 소리를 듣다·마상청앵
● 117.2×52cm | 종이에 엷은 색

길 가던 선비가 문득, 버드나무에서 들려오는 꾀꼬리 소리에 말을 멈췄다. 그림 속 텅 빈 공간에 새소리가 은은히 울려 퍼지는 듯하다.

그림에 색을 입히다

신윤복 申潤福 | 1758~? 영조34~? | 호는 혜원 蕙園

김홍도와 더불어 조선 후기 풍속화를 대표하는 화가. 화원 신한평의 아들로, 자신도 화원이었다. 그러나 한량과 기생을 풍자적으로 그리다 도화서에서 쫓겨났다고 전해진다. 김홍도가 소박한 붓질로 당시 사람들의 사는 모습을 그렸다면, 신윤복은 주로 양반과 기생의 모습을 화려하게 그렸다.

섬세하고 아름다운 필선과 고운 색채로 유명한 그의 그림들을 보면 얼마나 세련된 감각을 지닌 화가였는지 알 수 있을 뿐 아니라, 당시 한량들의 여가 활동과 옷차림, 생활 풍속도 생생하게 살아난다. 김홍도의 풍속화가 '기록화'라면 이런 신윤복의 작품은 '풍자화'라고도 할 수 있다.

아버지처럼 살진 않겠어

1798년, 햇볕이 지글거리던 8월 어느 날

"아버지! 이젠 제발 좀 그 얘기는 그만하세요! 아버지는 벌써 십여 년 전의 수모를 잊으셨어요? 아니, 멀리까지 갈 것도 없어요. 두 해 전 전하한테 당한 수모는 어떻고요? 전 절대로 화원 같은 것은 하지 않을 테니 그런 줄 아세요. 전 이대로가 좋아요!"

"이놈아, 네놈이 기생집을 전전하면서 불안하게 사는 것에 비하면 그까짓 귀양 가는 건 아무것도 아니다. 그래도 식구들 먹고사는 걱정은 안 해도 되지 않느냐? 사는 게 그렇게 만만한 것인 줄 알아? 어림없다, 어림없어!"

모처럼 들른 집이었습니다. 그런데 들어오자마자 또 언성이 높아졌습니다. 결코 이럴 생각은 아니었는데 말입니다. 왜 아버지만 보면 이렇게 화가 나는지 모르겠습니다. 그것은 아마도 아버지에게서 자신의 미래를 보기 때문일 것입니다. 이렇게 살다가는 자신도 아버지처럼 될지 모른다는 불안감 말이지요.

신윤복은 마음을 진정시키기 위해 고개를 돌려 벽을 쳐다보았습니다. 군데군데 빈대똥이 묻어 있는 누런 벽지. 그 초라한 벽지 위로 화사한 한복이 여러 벌 걸려 있었습니다. 어머니는 화원인 남편의 벌이로는 생활하기가 어려워 동네 바느질을 도맡아 하십니다. 다행히 집 가까이에 기방이 있어 일감은 끊이지 않았습니다.

기녀들의 화려한 빛깔 옷은 눈부셨고, 옷에는 향긋한 냄새까지 배어 있습니다. 신윤복은 어렸을 때부터 그 냄새를 맡으면서 잠이 들었습니다. 자신은 나이가 들어 결혼을 하고 이 집을 떠났지만, 방 안은 세월도 비껴간 듯 변한 것이 없습니다. 그 긴 세월 동안 한곳에 앉아 늙으신 어머니, 이제는 눈이 침침해 바늘귀도 잘 안 보인다던 어머니. 그런데도 여전히 바느질을 하고 계십니다. 어머니를 생각하니 가슴이 뭉클해집니다.

"어머니는 어디 가셨어요?"

"네가 온다고 하니 뭐 좀 장만해야겠다고 밖에 나간 모양이다."

그 말을 듣자니 또다시 가슴이 싸해집니다. 자식이 뭔지 어머니는 자식 먹이려고 뙤약볕 속을 걸어 가셨습니다. 신윤복은 정오의 해로 뜨겁게 달궈진 사립문 밖을 내다봅니다.

한 발이라도 들여놓으면 금세 화상을 입을 것 같은 팔월입니다. 햇볕이 지글지글 끓고 있는 산비탈 경사진 밭에서 온몸에 화상 입는 것을 두려워하지 않고 밭을 매고 있던 어머니 모습이 떠오릅니다. 갑자기 눈시울이 뜨거워집니다.

어린 시절, 어머니는 바느질하다 남은 형형색색의 천 조각을 모아 옷을 만들어 주셨습니다. 방 안 가득 굴러다니던 자투리천은 신윤복의 옷이 되고, 상보가 되고 보자기가 되었습니다. 신윤복은 그 설레는 옷감의 빛깔을 보면서 색채를 받아들이기 시작했습니다. 그 빛깔들이 가슴에 무르녹아 손끝을 타고 그림 속에 들어앉았음을 나중에야 알았습니다. 신윤복이 그림에서 유난히 곱고 화사한 색을 잘 쓰는 것은 모두 어머니가 자투리천으로 만들어 입힌 옷 덕분이었는지 모릅니다.

"추석 전에 화원 시험이 있을 모양이더라. 잘 생각해 보거라."

"아버지! 제발요. 제발 좀 그만 하시라니까요. 저는 결코 아버지처럼 살지는 않겠다고요!"

얼굴이 붉어질 정도로 솟구치는 화를 참으며 신윤복이 말했습니다.

"사람이 어떻게 자기 뜻대로만 살 수 있다더냐……."

사립문 밖을 쳐다보며 혼잣말처럼 얘기하는 아버지가 오늘따라 더 늙어 보입니다. 어느새 아버지가 저토록 늙었단 말인가 하는 생각에 마음이 미어지는 듯합니다. 그런 마음을 아는지 모르는지 아버지는 계속 말을 잇습니다.

"너도 이제 적은 나이가 아니니까 인생이 뭔지는 어렴풋이 짐작할 것이다. 화원 생활이 아무리 힘들다 해도 배 곯은 적은 없지 않느냐? 어차피 한 평생 사는 거…… 이렇게 사나 저렇게 사나 자기 하고 싶은 대로 사는 것도 좋겠지만 그러다 일감이라도 끊기면 무엇으로 입에 풀칠하며 산단 말이냐?"

그렇게 말을 하다 아버지 신한평은 문득 두 해 전의 기억이 떠올랐습니다. 자비대령화원 시험을 치르던 날이었습니다. 그림을 그릴 주제는 《장자》의 '잡편'에 나오는 우화였습니다. 어떤 사람이 커다란 낚시로 큰 물고기를 낚는다는 내용이었지요. 신한평은 여느 때와 마찬가지로 그럭저럭 잘 그렸습니다. 채점하던 대신들 반응도 나쁘지 않아 최고점을 받았습니다.

그런데 정조의 반응은 너무나 의외였습니다. 화원들 그림이 왜 이리 형편없느냐며 노발대발하셨지요. 급기야 최고점을 받은 신한평의 그림은 최하점을 받고 말았습니다.

"요즈음 화원들 하는 행동이 심히 지나쳐서 엄한 명을 내렸음에도 불구하고 끝내 잘 그리지 못하니, 그자들의 팔다리 가죽은 쇠가죽인가, 말가죽인가!"

2년 전의 일이었습니다. 그런데도 바로 어제 들은 것처럼 귀에 쟁쟁합니다. 그대들의 팔다리 가죽은 쇠가죽인가 말가죽인가……. 물론 화원들이 좀 더 열심히 그림을 그리게 하려는 임금의 마음은 알겠지만 그렇다고 수치심까지 사라지지는 않았습니다. 그런 수모를 겪으면서도 그만둘 수 없었던 화원 생활. 그만두면 달리 할 수 있는 일이 없었기 때문입니다. 평생 그림만 그린 사람이 다른 무엇을 할 수 있었겠습니까?

그런데 아들은 그런 자신과는 달라 보입니다. 다부져 보이는 아들이 듬직합니다. 그러나 주문 받아 그림을 그리며 살아가는 일이 얼마나 고달플지 마음에 걸렸습니다. 자식을 바라보는 아버지의 어쩔 수 없는 걱정이었습니다. 그걸 아들은 알기나 할까요?

"그런 걱정 마세요, 아버지! 시대가 변했어요. 지금 한양이라는 곳은 돈 가진 사람들의 세상이에요. 저한테 그림을 사려는 사람들이 줄을 섰다고요. 벼슬도 좋고 월급도 다 좋지만 저는 그렇게 안이하게 저 자신을 죽이면서 살지 않을 거예요. 부자들이, 양반들이 자진해서 돈을 갖다 바치는 그림을 그릴 거예요. 두고 보세요! 꼭 그렇게 될 테니까요! 아니, 벌써 그렇게 되어 가고 있어요."

양반을 풍자하며 그림을 그리다

'도대체 내 인생에서 그림이 다 뭐란 말인가. 사랑하는 여인 하나 지켜 주지 못하거늘, 그게 무슨 의미란 말인가······.'

신윤복은 한 달째 붓을 들지 못하고 있습니다. 가슴 찢는 고통을 참느라 방안에서 한 발자국도 나가지 못했지요. 남들처럼 술이라도 잘 마셨더라면 이 슬픔을 잊을 수 있을 텐데······. 그는 맨 정신으로 슬픔을 고스란히 견디고 있었습니다.

창호지 너머로 아침이 왔다가 사라지고 바람이 불다 잠잠해졌습니다. 가끔씩 바람에 낙엽이 쓸려가는 소리가 들립니다. 어느새 가을은 깊어졌습니다. 저 바람도 아팠을까요, 저 계절도 아팠을까요? 봄이 꽃을 버리고 여름이 소낙비를 버리며 가을로 올 때 많이 아팠겠지요? 이별해야 하니까요. 이별이란 얼마나 가슴 아픈 일인지요. 지금······ 신윤복은 가슴이 너무 아픕니다. 사랑하는 여인과 영원한 이별을 해야 했으니까요.

'후두둑 후두둑······.'

기어이 비가 쏟아지는가 봅니다. 깊어질 대로 깊어진 가을밤, 비 내리는 소리는 마음을 잠재우지 못하는 법입니다. 몇 시나 되었을까요? 얼마나 깊은 밤인지 눈을 뜨고 있어도 감은 것처럼 아무것도 보이지 않습니다. 빛이 없다면 사람 눈은 아무 쓸모가 없구나 하는 생각이 듭니다.

　그녀는 신윤복에게 빛과 같은 사람이었습니다. 그녀가 떠나고 없는 지금 그에게서 환한 빛은 사라졌습니다. 어둠 속에서는 눈을 떠도 보이지 않듯 그는 살아도 껍데기만 남아 있을 뿐입니다.

　"내, 돈은 후하게 쳐줄 테니 애련을 그려 주게."

　한 달 전이었습니다. 연지동에 사는 김대감이 조용히 신윤복을 불렀습니다.

　"내게 온 지 한 달도 안 되었건만, 그렇게 떠나 버리다니……. 제가 싫다면 내 굳이 잡지도 않았을 것을……. 내가 못나 그리 된 것을 이제 와 누굴 탓하겠는가……."

　일흔을 넘긴 김대감 얼굴이 후회와 아쉬움으로 일그러졌습니다. 그 얼굴을 보는 순간 신윤복은 말할 수 없이 가슴이 저려 왔습니다. '아, 저 사람이 애련을 진심으로 사랑했구나. 진심으로 아끼고 마음에 담고 있었구나……. 내가 왜 그걸 몰랐던가. 왜 양반이라면 무조건 진실하지 못한 사람들로만 생각했던가.'

　신윤복은 김대감을 보면서 착잡해졌습니다. 영의정이라는 높은 벼슬도, 일흔이 넘은 나이도 잊어버린 채 슬픔에 빠져 있는 김대감은 더 이상 미워할 대상이 아니었습니다. 사랑하는 사람 앞에서는 어린애처럼 순수한 마음을 지닌 가여운 영혼이었습니다. 그러나 그는 행복한 사람이었습니다. 적어도 슬픔을 드러낼 수는 있으니까요.

점잖은 체하는 양반들의 허세와 위선을 풍자하는 그림을 그리겠다고 생각했던 신윤복이었습니다. 윤리를 말하고 도덕을 주장하는 양반들이 사실은 욕심만 가득한 사람들이라는 것을 그림으로 보여 주고 싶었습니다. 지금까지 그 목적을 잘 이루어 왔다고 생각했습니다. 어느 누구도 그리지 못하던 그림들이었지요.

집에서는 점잔 빼는 양반들이 기생들을 데리고 놀러갈 때는 마치 말을 모는 시종처럼 굽실거리는 모습을 그렸습니다. 어느 대감집 후원에서 약방기생을 불러 가야금을 타는 양반들을 그리면서는 여자한테 치근거리는 장면을 빠뜨리지 않았습니다. 밤새 글공부에 빠져 있어야 할 젊은 양반이 사람들 눈을 피해 남몰래 여인을 만나는 그림도 그렸습니다. 이 밖에도 술집에서 옷고름을 풀어헤친 채 실랑이를 벌이는 양반, 나물 캐는 아낙네의 손목을 잡은 양반 등을 가리지 않고 그렸지요.

물론 단지 양반들 모습을 비꼬고 흉 볼 목적만으로 그린 것은 아니었습니다. 신윤복은 양반들의 모습을 통해 당시 사회상을 보여 주고 싶었습니다. 그림 속에 등장하는 인물들이 주로 양반과 여자, 그 중에서도 기생이 많았다는 것은 신윤복 그림의 특징이라고 말할 수 있겠지요.

신기하게도 양반들은 자신들을 풍자하고 비난한다고도 볼 수 있는 신윤복의 그림을 전혀 기분 나빠하지 않고 샀습니다. 워낙 색이

연못가에서 노는 선비들 · 청금상련 ● 28.3×35.2cm | 종이에 색

어느 대갓집 뒷마당, 연꽃 핀 연못가에서 양반들이 기생들과 함께 놀고 있습니다.
신윤복은 양반과 기생과 여인을 주제로 삼은 그림을 많이 그렸습니다.

아름답고 교묘해서 그림 그 자체로 좋아했던 것이지요. 그것이야말로 신윤복이 노렸던 점이었습니다. 양반을 욕하면서 양반에게 그림을 팔겠다는 목표를 이룬 것이지요.

그런데 김대감을 만나고 보니 양반도 밉기만 한 상대가 아니라는 것을 알았습니다. 양반들은 허세뿐이고 진실성은 없는 줄 알았는데

이른 봄날의 꽃구경 · 연소답청 ● 28.3×35.2cm | 종이에 색

진달래가 활짝 핀 이른 봄날에 양반 세 사람이 여인들을 말에 태우고 꽃구경을 다녀옵니다. 여인의 머리에 꽂힌 진달래꽃과 화사한 옷이 주변의 아름다운 경치와 잘 어울립니다.

알고 보니 그와 같이 평범한 사람일 따름이었습니다.

"애련이를 그릴 때 이 노리개도 함께 그려 주게. 세상을 떠나던 순간까지도 몸에 지녔던 것이네. 내가 준 비싼 노리개도 많았을 텐데, 굳이 이걸 달고 죽은 걸 보면 누군가 마음에 담은 사람이 있었던 게야. 무정한 것 같으니라고……."

가슴속 깊은 곳에 영원히

거의 한 달을 방 안에만 앉아 있던 신윤복이 드디어 방문을 열었습니다. 그리고 차가운 샘물을 길어 목욕을 시작했습니다. 먹지 못하고 잠도 못 자 뼈만 남은 몸에 찬물을 끼얹자 심장이 멎어버릴 듯 한기가 느껴졌지만 마음 쓰지 않았습니다. 머리를 감고 몸을 씻고 다시 물을 끼얹으면서 자기 몸에 남아 있는 찌꺼기를 전부 씻어 냈습니다. 가슴속에 남겨진 것도 함께 씻겨 나갔으면 좋겠다고 생각하면서 말입니다.

물기를 닦고 새 옷으로 갈아입은 신윤복은 방문을 열어 놓고 깨끗이 방을 닦았습니다. 한 달 동안 꼭 닫아 두었던 방안에는 퀴퀴한 냄새가 배어 있었습니다. 청소를 끝내고 윗목에 향을 하나 피웠습니다. 그리고 단정한 자세로 앉아 눈을 감고 깊은 명상에 잠겼습니다.

'애련…… 내게 오시오. 와서 다시 한 번 모습을 보여 주시오.'

신윤복은 기도하는 마음으로 꼼짝하지 않았습니다. 내게 와서 당신이 붓을 들어 주시오. 당신이 원하는 모습을 당신이 그려 주시오. 나는 다만 내 손을 빌려 드리리다.

한 달 동안 방에서 꼼짝하지 않으면서 신윤복은 오직 애련만 생각했습니다. 어떻게 그녀의 초상화를 그릴까, 어떤 색을 써야 할까 수없이 생각했습니다. 사당에 모셔 놓는 초상화처럼 근엄하게 그릴까,

아니면 춤추는 모습을 그릴까 끊임없이 고심했습니다.

애련은 신윤복이 사랑했던 기생이었습니다. 한양에서 애련을 모르는 사람이 없을 정도로 아름답고 고운 여인이었지요. 그녀도 신윤복을 사랑했습니다. 그런데 그림만 그리는 중인 신분으로는 애련과 함께 살 수 없었습니다. 그토록 사랑하는 여인을 데려다가 행복하게 해 줄 수 없었던 것입니다. 그런 신윤복의 고민을 애련은 알고 있었습니다.

애련은 두 달 전에 김대감의 소실로 들어가게 되었습니다. 자신 때문에 사랑하는 사람이 괴로워하는 것을 두고 볼 수가 없었기 때문입니다. 그 소식을 알게 된 신윤복은 미칠 것 같았습니다. 한번 들어가면 영원히 다시 볼 수 없다는 것을 알기에 숨을 쉴 수 없을 정도로 고통스러웠습니다. 사랑하는 여인을 위해 아무것도 할 수 없는 무능함에 가슴을 쳤습니다.

애련이 소실로 들어가기 전 칠보 노리개를 주었습니다. 그가 해 줄 수 있는 유일한 것이었지요. 내가 생각날 때마다 이 노리개를 보시오. 기껏 그 말과 함께 애련을 떠나보냈습니다. 불과 두 달 전 일이었는데 이제 그녀는 이 세상에 없습니다.

신윤복은 그녀를 그림에서만큼은 신분과 시대에 얽매여 고통당하는 사람으로 남겨 두고 싶지 않았습니다. 고통 같은 것은 전혀 모르는 고귀한 여인의 모습으로 그리고 싶었지요. 비록 기생의 신분이

었으나 자신에게는 그 어떤 여인보다도 청순하고 고귀한 사람이었으니까요. 애련을 고려시대의 관세음보살처럼 그리고 싶었습니다.

향이 거의 다 타들어 가도록 앉아 있던 신윤복은 이윽고 바닥에 비단을 펼쳤습니다. 그리고 잠시 후면 그녀가 들어올 비단 바탕을 향해 절을 세 번 했습니다.

'가장 아름다운 모습으로 오시오. 당신의 눈부신 모습을 그려 드리리다.'

그는 이미 세상을 떠난 그녀를 다시 살려 내기라도 하듯 그림을 그렸습니다. 그녀는 살았을 때의 고통과 외로움을 전부 벗어버리고 신윤복의 손끝에서 행복한 모습으로 다시 태어날 것입니다.

신윤복은 애련의 머리카락 한 올 한 올에 온 정성을 다 쏟아 부었습니다. 노랑 저고리에 쪽빛 치마를 입히고 머리에는 자주색 댕기를 묶어서 가체의 무거움을 가볍게 해 주었습니다. 삼회장저고리의 목과 겨드랑이 부분에는 자주색을 입혔습니다. 그리고 옷고름에는 칠보 노리개를 달아 주었습니다. 죽는 순간까지도 손에서 놓지 않았다는 노리개는 신윤복에 대한 사랑을 말하는 듯했습니다.

신윤복은 더 이상 참지 못하고 통곡합니다. 죽은 사람에게 미안해서 참고 참았던 울음이 터져 나왔습니다.

왼쪽 | 미인도 ● 114×45.5㎝ | 비단에 색
한 번 보면 영원히 잊지 못할 여인, 한 남자의 마음을 훔쳐 가고 수많은 남자들의 마음을 설레게 했던 여인, 이렇게 고운 여인이 또 있을까요?

'휘잉……'

잎이 다 떨어진 뒤틀린 감나무 가지를 바람이 심하게 뒤흔드는 소리가 들렸습니다. 그 소리는 애련의 넋인 듯 오랫동안 감나무를 흔들더니 어둠 속으로 사라졌습니다. 몸은 비록 이 세상에 없지만 당신을 사랑하는 마음은 영원할 것이라고 말하는 듯 잔가지 끝에 여운을 남기고 가뭇 사라졌습니다.

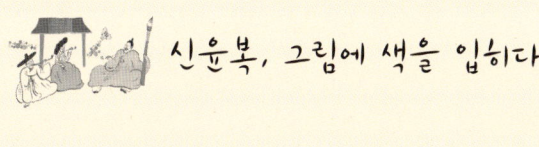 신윤복, 그림에 색을 입히다

단옷날의 풍경 ·단오풍정 ● 28.2×35.2㎝ | 종이에 엷은 색

창포물에 머리 감고 그네 뛰는 단옷날. 여인들이 계곡에 몰려 왔다. 화사한 여인들의 모습으로 갑자기 계곡 주변이 환해지고, 그 모습을 놓칠 새라 어린 동자중이 숨어서 훔쳐 보고 있다.

칼춤 · 쌍검대무 ● 28.2×35.2㎝ | 종이에 엷은 색

화려한 옷을 입은 두 여인이 가락에 맞춰 멋들어지게 칼춤을 추고 있다. 구경하는 양반과 기생 모두 넋을 잃었다.

연꽃과 여인 ● 《여속도첩》 중에서
29.6×24.8cm | 비단에 색
연못 가득 연꽃은 피어나는데 나이 든
기생을 찾는 이 아무도 없다.

달밤의 만남 · 월하정인 ● 28.2×35.2cm | 종이에 엷은 색
초승달 뜬 한밤중에 어느 담장 아래서 남자와 여자가 만나고 있다. 쓰개치마를 걸치고 부끄러운 듯
고개를 돌린 여인의 마음이 사내가 든 호롱불처럼 발그스레하다.

조선의 글씨를 천하에 세우다

김정희 金正喜 | 1786~1856 정조10~철종7 | 호는 추사秋史, 완당阮堂 외에도 백여 개

조선 말기의 대학자이자 서화가. 권세가 있는 양반가에서 태어나고 어릴 적부터 재주가 남달라 북학파 학자였던 박제가의 눈에 띄어 제자가 되었다. 24세 때 중국에 가서 옹방강, 완원 등 최고의 중국학자들에게 인정을 받고 금석학을 깊이 공부하였으며, 31세 때는 북한산에 올라 '진흥왕 순수비'를 발견했다. 여러 학문에 두루 능통했던 그는 문과 급제 후 여러 관직을 거쳤는데, 54세 때 그를 시기한 정적들에 의해 제주도에 유배되었다.

천재적인 예술가였던 김정희는 유배지에서 8년을 견디는 동안 독특한 글씨체인 '추사체'를 완성하게 된다. 학문과 예술에 두루 능했던 김정희는 많은 추종자들을 거느렸으며, 현재까지도 많은 영향을 줄 만큼 우리 역사에 큰 자리를 차지하는 인물이다.

신동 정희

　　1791년 입춘 즈음
'아니, 대체 저 글씨는 누가 쓴 거지?'
　월성위궁 앞을 지나가던 한 선비가 대문에 붙여진 '입춘대길'이란 글씨를 보고 깜짝 놀라서 발길을 멈추었습니다. 입춘첩임을 몰라서가 아닙니다. 글씨에서 어떤 기운을 느꼈기 때문입니다. 봄의 시작을 알리는 입춘이 되면 한 해 동안 행운과 건강이 함께 하라고 집

집마다 대문에 붙여 놓는 글귀였습니다. 경복궁에서 이곳까지 오는 동안 얼마나 많은 입춘첩을 보았는지 모릅니다.

그런데 이 집 대문에 걸린 글씨는 남달랐습니다. 정성을 들여 써서 글씨는 힘이 넘치고 반듯반듯했습니다. 다만 어딘지 약간 어설퍼 보였습니다. 재주는 있으나 아직 다듬어지지 않은 듯한 것이 첫눈에 봐도 아이 글씨라는 것을 알 수 있었지요.

'이상하다. 이 집에는 아이가 없는데……'

한참을 쳐다보고 있던 선비가 드디어 대문을 열고 들어갔습니다. 칼날 같은 눈썹에, 이마 뼈가 불룩 솟아 있는 선비는 모습이 마치 장수처럼 다부져 보였습니다. 또 꼭 다문 입술은 여간해서는 속내를 드러내지 않을 것 같았습니다.

이 선비가 바로 대표적 실학자로 알려진 박제가 1750~1805입니다. 박제가는 시를 잘 지었습니다. 또 청나라를 세 차례나 드나들면서 폭넓은 식견을 갖춘 학자였지요. 그는 중국의 발달된 제도와 풍습 등을 상세히 적은 《북학의》를 써서 당시 많은 사람들에게 큰 영향을 끼쳤습니다.

조선을 대표하는 이 학자를 사로잡은 글씨의 주인공은 누구였을까요? 박제가는 이 집 주인인 호조참판 김노영을 잘 알고 있었습니다. 작년에 그와 함께 중국에 다녀왔기 때문입니다. 이 월성위궁은 영조가 사위에게 내린 집이었습니다. 김노영의 할아버지가 영조 임금의 둘째딸인 화순 옹주와 혼인하여 사위가 된 것입니다.

박제가는 김노영에게 서둘러 입춘첩의 주인공을 물어보았습니다. 마침 김노영은 아우 김노경과 함께 있었습니다. 궁금해 죽겠다는 박제가에게 김노경이 대답했습니다.

"그 글씨는 내 자식이 쓴 것이오."

"어르신의 자제분이라면?"

"그렇소. 올해 여섯 살이 된 정희가 쓴 것이라오."

박제가는 너무도 놀란 나머지 한동안 말을 잇지 못했습니다. 김노영 형제 모두 뛰어난 문장가에 명필가였지만 설마 여섯 살짜리 아들이 이렇게 멋진 글씨를 썼을 거라고는 생각지도 못했기 때문입니다.

"장차 우리 집안의 대를 잇기 위해 곧 양자로 들일 생각이오."

거듭 감탄만 하고 있는 박제가에게 김노영이 말했습니다.

"참판 어른, 그 아이는 장차 학문과 예술로 세상에 이름을 날릴 것이니 제가 가르쳐서 성취시켜 보겠습니다."

흥분을 감추지 못한 박제가가 스승을 자처하고 나서자 김노영과 김노경은 크게 기뻐했습니다. 박제가라면 어려서부터 총명했고 시·서·화에 뛰어나 나라 안팎으로 이름을 떨친 인물입니다. 비록 중인인 서얼 출신이라 높은 벼슬을 할 수는 없었지만, 실력을 인정 받은 규장각 검서관이기도 했지요. 그런 인재가 아들을 맡아 준다니 부모로서 무척 기쁠 수밖에요.

이렇게 해서 큰 스승과 뛰어난 제자가 만나게 되었고 그 만남은 우리 역사에서 굉장히 중요한 의미를 갖게 되었습니다.

한겨울에 푸르른 나무

'추워진 뒤에야 소나무와 잣나무가 늦게 시드는 것을 안다.'

김정희는 제자 이상적에게 편지를 쓰고 나서 다시 한 번 읽어 보다 말고 갑자기 무릎을 쳤습니다. 공자의 말을 적은 부분을 읽다 그에 딱 어울리는 그림이 떠올랐기 때문입니다.

'옳지! 이것을 그림으로 그려서 보내 줘야겠다.'

김정희는 4년 전인 1840년, 나이 쉰다섯에 제주도로 유배를 왔습니다. 뜻하지 않게 유배를 당한 김정희는 닥친 현실을 받아들이기가 무척 힘들었습니다. 그 당시 제주도는 한번 가면 언제 다시 돌아올지 모를 막막한 유배 길이었으니까요. 아무런 불편 없이 살아온 김정희에게 제주도 생활은 고통 그 자체였습니다.

유배 온 지 2년 만에 한양에 있던 부인이 세상을 떴지만, 문상조차 갈 수 없었습니다. 온 세상을 전부 가질 듯했는데 자신의 힘으로는 아무것도 할 수 없다는 것을 알았을 때, 심한 허탈감과 무력감이 찾아들었습니다. 온통 절망뿐이었습니다.

그럴 때마다 김정희는 글씨를 썼습니다. 힘들고 고통스러울 때도 붓을 들었습니다. 그는 평생 '열 개의 벼루를 갈아 없애고, 천여 자루의 붓이 다 닳아지도록' 피나게 글씨 연습을 했다고 전해집니다. 그래서 그의 글씨는 세상 어느 누구도 흉내 낼 수 없는 김정희만의 글씨가 되었지요. 아마도 유배를 오지 않았더라면 다만 기름지고 윤기 나게 잘 쓰인 글씨로 끝났을 것입니다. 그러나 유배지에서 처절한 고통을 당하고 나자 글씨도 바뀌었습니다.

그 차이가 어느 정도였는지 유배 전과 유배 후에 쓴 글씨 〈무량수각(無量壽閣)〉을 비교해 보면 쉽게 알 수 있습니다. 유배 가기 전에 쓴 대흥사의 〈무량수각〉이란 글자를 보면 기름지고 통통하게 살이 올라 있습니다. 좋은 집안에서 훌륭한 교육을 받고 자란 사람의 글씨답게 부족함을 모르는 여유가 느껴집니다. 풍채 좋은 부잣집 도련님같이 넉넉한 살집이 붙어 있지요.

스물네 살에 중국의 수도 연경에 가서, 당시 금석학과 고증학의 대가였던 옹방강과 완원을 놀라게 했던 비상한 재주와 학문에 대한 열정 또한 느껴집니다. 이 〈무량수각〉은 김정희가 얼마나 호사스럽게 살아왔는가를 보여 주는 증거물이라도 할 수 있습니다.

그런데 유배지에서 예산 화암사에 써 준 〈무량수각〉은 느낌이 완전히 다릅니다. 글씨에서 필요 없는 살은 모두 빠지고 탄탄하면서도 단단해 보입니다. 지나치게 많이 가진 사람에게서 느껴졌던 거드름

무량수각 ● 1840년 | 해남 대흥사

'무량수각'은 '수명이 한없이 길다는 무량수불, 즉 아미타여래를 모신 건물'이란 뜻입니다. 유배 가기 전에 김정희가 쓴 무량수각은 글씨가 기름지고 살져 있습니다.

무량수각 ● 1846년 | 예산 화암사

유배 간 후 6년 뒤에 쓴, 똑같은 제목의 무량수각인데 느낌이 어때요? 위의 글씨에서 느껴졌던 기름기가 빠지고 뼈만 남아 있는 것 같지요?

이 말끔히 사라졌지요. 중국을 다녀온 후 세상 무서울 것 없었던 오만함, 이 나이에 제주도까지 유배 와야 했던 그 못된 속성이 벗겨져 있습니다. 이렇듯 글씨에는 그 사람이 살아온 인생이 묻어 있는 법입니다.

물론 이렇게 마음의 평정을 얻기까지는 많은 세월이 필요했습니다.

조선이 낳은 그림 천재들

어느 날 말도 안 되는 죄명으로 유배를 가야 했을 때 현실을 받아들일 수가 없었습니다. 너무 억울했습니다. 아마 자신만큼 시간을 아껴 열정적으로 산 사람은 없을 테니까요.

중국에서 돌아와 실증적인 학문이 얼마나 중요한지를 깨닫고 이론과 실증을 병행했던 그입니다. 그 덕에 서른한 살 때는 친구와 함께 북한산에 올라 도선국사비로 잘못 알려진 비석이 '진흥왕 순수비'라는 것을 밝혀냈습니다. 그 다음 해에는 경주에 내려가 무장사비의 조각도 찾아냈지요.

서른세 살에 문과 급제를 하고 충청도 암행어사를 거쳐 동부승지가 되었고, 쉰세 살에는 형조참판이 되었습니다. 똑똑하고 부지런할 뿐만 아니라 학문적으로도 거대한 산을 이룰 만큼 뛰어났던 김정희 곁에는 많은 사람들이 몰려들었습니다. 김정희는 진정 그 시대의 중심인물이었습니다.

너무 잘나갔기 때문에 적이 많았던 것일까요? 쉰네 살이 되던 1840년에 동지부사가 되어 중국으로 떠날 예정이었는데 갑자기 탄핵을 받고는 제주도로 유배를 떠나는 신세가 되었습니다. 그러자 문지방 닳도록 드나들던 사람들이 행여 가까이하면 해라도 입을까 언제 알았냐는 듯 모른 체했습니다.

그러나 이상적은 달랐습니다. 김정희를 예전이나 지금이나 변함없이 대했습니다. 다른 사람들이 세상 권세와 이익을 쫓아 불나방처럼 날아다닐 때 오히려 깊이 뿌리내린 소나무처럼 흔들림이 없었습니다. 이상적은 통역을 하는 역관입니다. 벌써 중국에도 여섯 차례나 다녀올 정도로 능력을 인정받고 있지요. 그는 중국에 갈 때마다 김정희가 필요한 책을 구해다 주었습니다.

방금 김정희가 감사 편지를 쓰게 된 것도 《황조경세문편》이란 책 때문입니다. 이상적이 중국 연경에 간 길에 무려 120권 79책이나 되는 어마어마한 분량의 이 책을 구해 중국에서 조선까지 들고 온 것입니다. 더구나 공식 사절단에 속한 역관으로 가는 것이라 여간해서는 개인적인 시간을 내기 어려웠을 텐데 말입니다. 그런데 불평 한마디 없이 기쁘게 책을 보냈습니다. 그 모습은 마치, 찬바람이 불고 많은 눈이 내려 잎이 모두 져버린 숲에서도 여전히 싱싱한 푸름을 잃지 않는 소나무와 잣나무 같았습니다.

김정희는 이상적의 마음이 고맙고 또 고마워 편지지로 쓰려던 종이를 꺼내 그림을 그리기 시작했습니다. 먹에 물기를 거의 묻히지 않고 진한 먹 그대로 붓에 묻혔습니다.

허름한 초가집과 소나무, 잣나무를 그렸습니다. 오른쪽에 가지가 두 개뿐인 늙은 소나무는 마치 김정희 자신을 보는 것 같습니다. 심하게 휘고 비틀어져서 거의 죽은 나무처럼 보입니다. 그 바로 곁에는 새로 자란 싱싱한 소나무를 그렸습니다. 늙은 소나무를 부축하듯 곁에 서 있는 이 나무는 이상적일 것입니다. 한결같은 마음으로 스

세한도 · 추운 시절 ● 1844년 | 24.7×108.2㎝ | 종이에 먹 | 국보 제180호

날씨가 추워진 다음에야 소나무와 잣나무가 푸름을 알 수 있는 것처럼, 사람도 어려움을 당해 봐야
진정한 벗이 누구인지 알 수 있습니다. 한결 같던 제자 이상적에게 주기 위해 그린 〈세한도〉에서
김정희는 자신이 살아오면서 느꼈던 세상인심과 삶의 교훈을 소나무와 잣나무에 빗대어 그렸습니다.

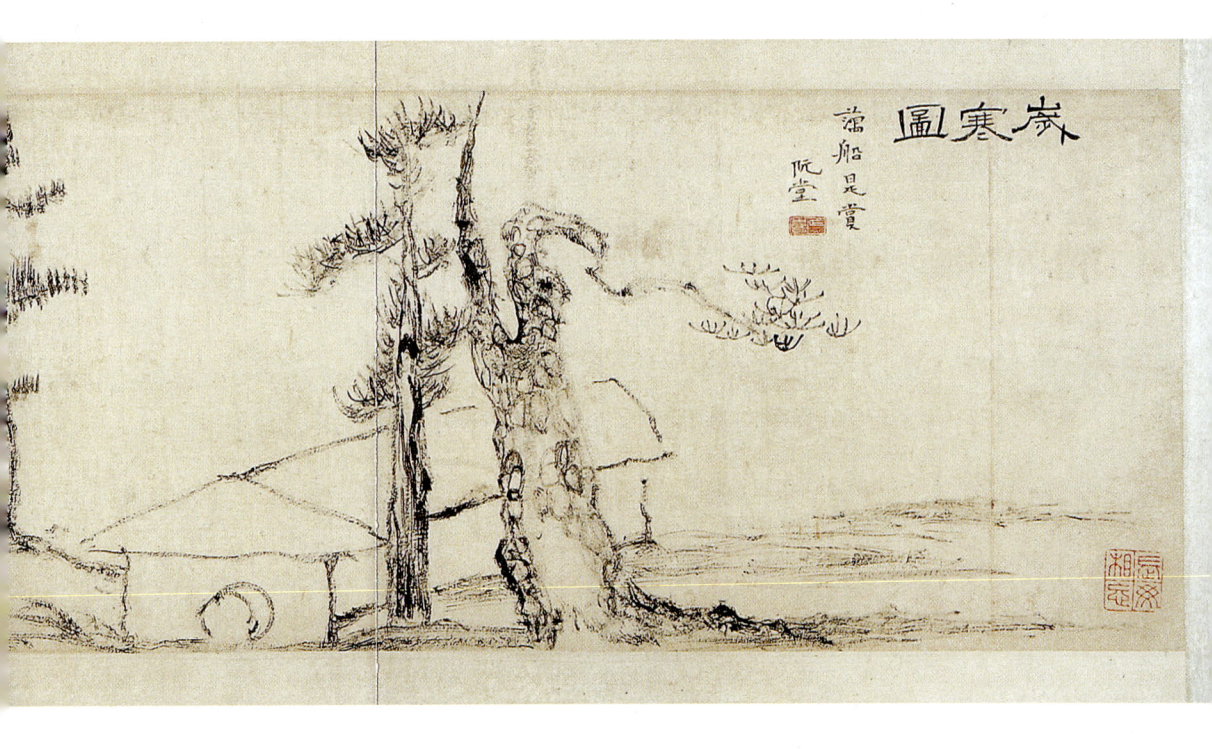

승을 지키는 제자의 모습입니다.

　그림을 끝내고 나니 스산한 겨울바람이 부는 듯합니다. 끊임없이 병에 시달리고 고통스러웠던 유배지에서의 시간들이 스쳐 지나갔습니다. 거미와 지네가 달려들고 먼지처럼 자잘한 벌레들이 날카로운 독침으로 쏘아도 피할 수 없었던 시간들이 떠올랐습니다.

　아내의 죽음도 지키지 못했던 회한이 밀려왔습니다. 하늘에게 버림받고 귀신도 손가락질하듯 외로웠던 순간들이었습니다. 그러나 그림 속에는 자신이 겪었던 구체적인 외로움을 세세하게 드러내진 않았습니다. 다만 빈 집과 나무 사이를 휑하게 지나가는 겨울바람으로 마음을 표현했습니다.

　김정희는 자신이 그린 그림을 보면서 갑자기 눈물이 핑 돌았습니다. 한라산 고목처럼 고통스럽게 추위를 견디며 여기까지 온 자신이 고마웠기 때문입니다. 그 시간을 삭히고 삭혀 글씨 속에 쏟아 부었던 지난 시간들, 그 세월 속에서 부서질지언정 휘지 않는, 탱자나무보다 단단하고 꼿꼿한 자신만의 글씨체가 탄생했기 때문입니다.

　평생 행복하게만 살다 전혀 준비 없이 맞게 된 불행이 오늘의 자신을 만들었습니다. 고통이란 당하는 순간에는 괴롭지만 겪지 않고는 결코 배울 수 없는 큰 가르침을 준다는 것을 유배지에 와서 깨달았습니다. 그래서 지금 김정희가 흘리는 눈물은 기쁨의 눈물입니다.

제일가는 즐거움

"하하하하!"

"깔깔깔깔!"

손자 녀석들은 뭐가 좋은지 아까부터 계속 마루가 쿵쿵 울리도록 뛰어다니고 있습니다. 그러면서 연신 깔깔거리며 웃습니다. 아직 걸음걸이가 서툰 막내 손자 녀석도 뒤뚱거리며 형과 누나 뒤를 쫓아다니느라 정신이 없습니다. 고즈넉하기만 하던 집안이 오랜만에 웃음소리로 왁자지껄합니다.

그 모습을 지켜보면서 김정희는 지금 이 순간이 일생 중에서 가장 행복하다고 생각했습니다. 재물이나 권세, 명예와 부귀, 건강과 영화를 전부 누렸던 김정희. 그가 칠십 평생을 살아오면서 결론 지은 행복은 이렇듯 너무도 평범한 것이었습니다.

그는 제주도에서 8년을 보낸 후 유배가 풀려 한양으로 돌아오게 되었습니다. 그러나 그의 주변에 다시 사람들이 몰려들자 위협을 느낀 정적들에 의해 예순다섯에 함경도 북청으로 다시 유배를 떠나야만 했습니다. 그만큼 김정희는 큰 영향력을 가진 사람이었습니다.

북청에서 1년을 살다 돌아온 김정희는 과천에서 조용히 여생을 보냅니다. 인생의 단맛과 쓴맛을 다 본 김정희는 더 이상 정치적인 활동에는 미련이 없었습니다. 화려했던 시간과 고통스런 날들을 모두 겪고 나서 그가 찾은 인생 최고의 행복은 소박한 것이었습니다. 그가 죽기 얼마 전에 쓴 글씨들 가운데 이런 마음을 담아 인생을 마무리하듯 남긴 내용이 있지요.

'大烹豆腐瓜薑菜 대팽두부과강채 高會夫妻兒女孫 고회부처아녀손'

'좋은 반찬은 두부, 오이, 생강, 나물이고 훌륭한 모임은 부부와 아들딸과 손자' 라는 뜻입니다. 그리고는 그 옆에 작은 글씨로 "이것은 촌 늙은이의 제일가는 즐거움이다. 비록 허리춤에 커다란 황금 도장을 차고, 먹을 것이 사방 한 길이나 차려지고 시중드는 사람이 수백 명 있다 해도 능히 이런 맛을 누릴 수 있는 사람이 몇이나 될까." 라고 잇고 있습니다. 진정한 행복은 지금 우리가 누리고 있는 이대로의 평범한 생활이라는 뜻이겠지요. 우리가 깊이 새겨들어야 할 교훈일 것입니다.

영광과 좌절로 얼룩진 삶을 살고 나서 인생의 참된 진리를 깨달은 김정희는 1856년 10월 7일 일흔한 살로, 봉은사의 '판전' 현판을 쓰고 나서 사흘 뒤 세상을 떠났습니다. 한 시대를 충실하게 살다 간 거장이 죽던 날, 슬픔에 빠진 하늘에는 달도 뜨지 않았고 별들도 눈을 감았다고 합니다.

김정희, 조선의 글씨를 천하에 세우다

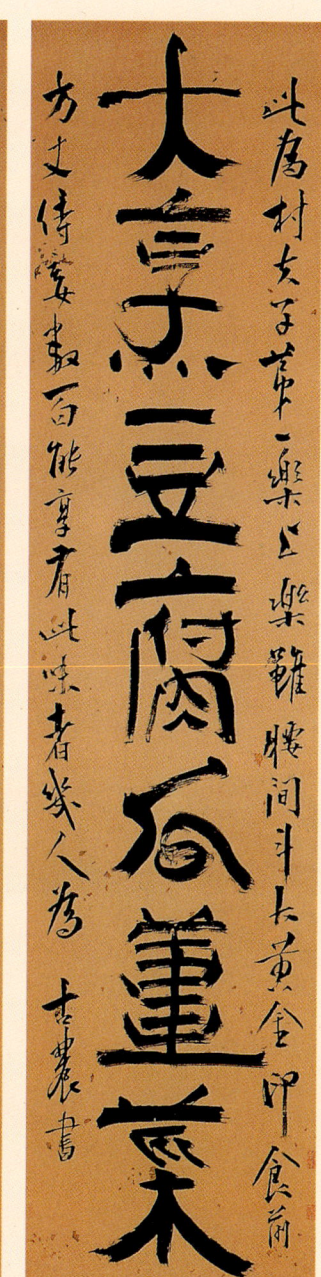

대팽두부과강채 고회부처아녀손 ● 129.5×31.9㎝ | 종이에 먹

판전 ● 1856년 | 77×181㎝ | 화엄경 경판을 보관하는 전각의 현판 | 서울 봉은사

김정희가 죽기 사흘 전에 쓴 마지막 작품. 전서, 예서, 행서 등 많은 글자체를 자유자재로 쓸 줄 알았던 김정희였지만 죽음을 앞둔 마지막 순간에는 이렇게 어린아이와 같은 단순함과 정성으로 붓을 잡았다.

잔서완석루 ● 31.8×137.8㎝ | 종이에 먹

'잔서완석'이란 오래되어 깨진 비석 조각과 그에 새겨져 있던 글자가 닳은 모양을 가리킨다. 그런 돌 조각이 있는 서재(루)를 뜻하고 있으니 금석학을 연구하는 학자의 방 이름으로는 그만이다.

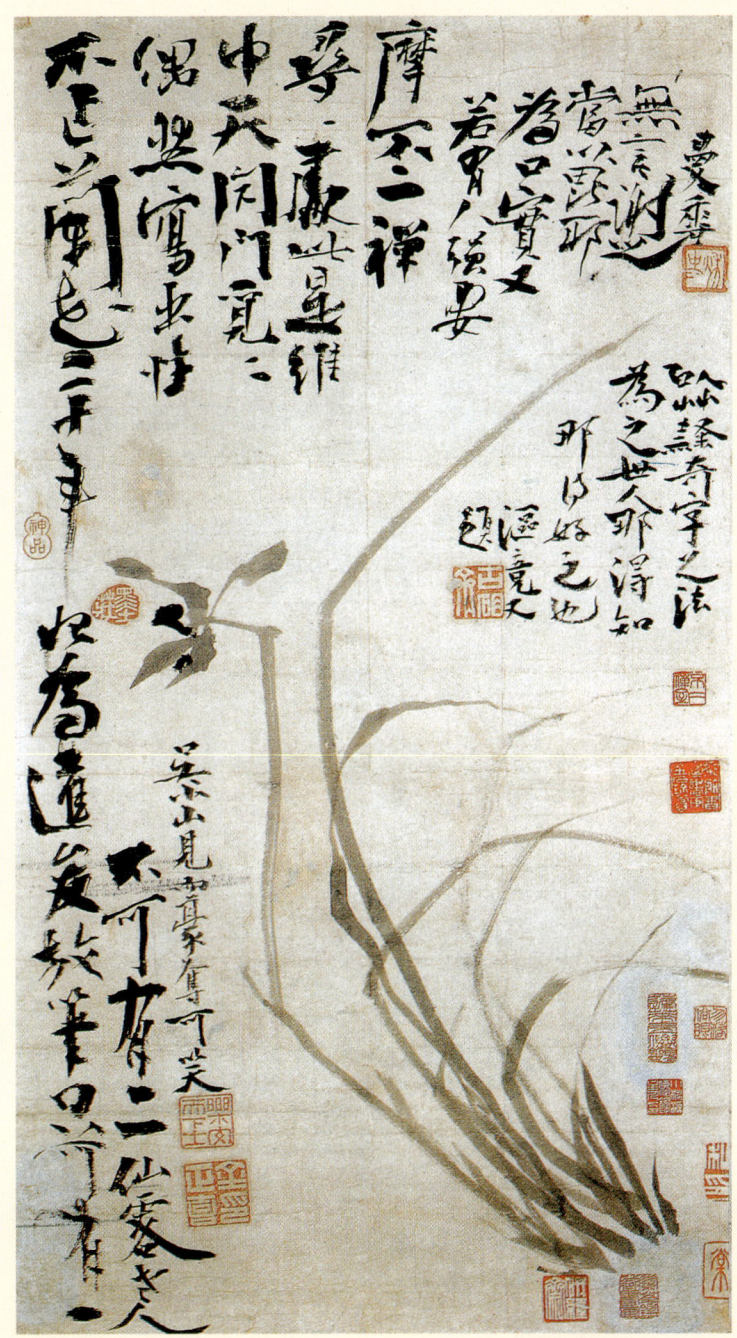

불이선란 ● 55×30.6cm | 종이에 먹

김정희는 난을 그린 지 20여 년 만에 우연히 붓을 들어 이 작품을 완성했다. 글씨 쓰듯 난을 그렸는데 결코 의도해서 그린 그림이 아니기 때문에 똑같은 그림을 두 번 다시 그릴 수 없을 것이라고 말했다 한다.

술에 취하고 그림에 취하고

장승업 張承業 | 1843~1897 이후 헌종9~고종 | 호는 오원吾園, 취명거사醉瞑居士

조선 말기의 화가. 어렸을 때 부모를 잃고 떠돌아다니다가 이응헌의 집에서 일을 하며 그림을 그리기 시작했다. 술을 몹시 좋아하고, 궁궐에 들어가 그림을 그리다가도 도망을 치기를 거듭하는 등 무엇에 얽매이기를 싫어하고 자유스럽게 살기를 원하는 성격을 가졌다.

〈매〉 그림에서 보듯 거칠면서도 강렬한 그의 작품들은 노력해 얻을 수 있는 그림이 아니라 하늘에서 받은 재주로 그린 그림이라고 평가받는다. 산수, 인물, 화조, 사군자, 신선도 등 전통적인 그림에도 능숙했던 장승업은 55세 때인 1897년, 홀연히 자취를 감추어서 언제 죽었는지 확인되지 않았다. 그의 제자로는 근대를 대표하는 화가, 조석진과 안중식이 있다.

갑갑하다면 궁궐도 싫다

1883년 10월 어느 날, 민영환의 집 사랑방

"영감! 갑갑하지 않으십니까?"

벌써 바깥은 어둑어둑해지고 있었습니다. 장승업은 진즉부터 술 생각이 간절해 은근한 목소리로 이조 참의_{정삼품 벼슬} 민영환에게 말을 겁니다. 오늘, 술이라고는 점심 때 입가심으로 몇 잔 마신 게 전부였습니다. 그러나 장승업이 병풍에 들어갈 새와 동물 그림을 그리는 동안 민영환은 오로지 책장만 넘기고 있을 뿐입니다. 입이 타들어가듯 술을 마시고 싶은 장승업의 마음을 아는지 모르는지 민영환은 몇 시간째 꼿꼿하게 앉아 고개조차 돌리는 법이 없었습니다. 장승업은 그가 정말 지독한 사람이라고 생각했습니다. 대여섯 시간이 지나도록 방안에는 책장 넘기는 소리와 붓질하는 소리만이 들릴 뿐이었습니다.

"영감!"

참다못한 장승업이 이번에는 약간 불만이 섞인 목소리로 민영환을 부릅니다. 각지고 널찍한 얼굴에 노란 눈동자를 가진 장승업은 술 때문인지 유난히 코끝이 불그스름했습니다. 그제야 책에서 눈을 떼고 그를 바라보는 민영환의 눈동자는 예리하면서도 맑았습니다. 얼굴이 바짝 마르고 머리가 조금 벗겨진 탓인지 그는 첫눈에 봐도 이성적이고 깐깐해 보이는 선비였습니다.

"또 술 생각이 나는 겐가?"

민영환은 장승업보다 열여덟 살이나 어렸지만, 그저 '환쟁이'에 불과한 장승업과는 감히 비교할 수 없을 정도로 신분이 높은 사람이었습니다. 그래서 장승업은 말을 올리고 민영환은 말을 낮춰 쓰고 있습니다. 이성적이고 사리 분별이 뚜렷한, 스물두 살 젊은 참의는 앞뒤 가리는 법 없이 즉흥적인 마흔 살 화가를 지그시 바라보았습니다. 그 모습은 마치 할아버지가 손자를 바라보듯 다정하기까지 합니다. 뒤바뀌어도 한참 바뀌었습니다. 장승업보다 어린 민영환이 더 어른스러워 보이는 것은 꼭 벼슬이 높기 때문만은 아니었습니다. 아마도 성격 때문일 것입니다.

"말이 나왔으니 말인데요, 이거 처음 약속하고는 다르지 않습니까? 아, 글쎄, 점심 먹고 반주로 나온 두어 잔 말고는 지금까지 입술 한 번 못 축이고 붓질만 하고 있으니, 여기나 대궐이나 무슨 차이가 있단 말입니까?"

장승업은 아예 붓을 내려놓고 가부좌를 틀고 앉습니다. 술을 주지 않으면 다시는 붓을 들지 않을 태세였습니다.

"자네는 술 때문에 그리 혼쭐이 났으면서도 또 술타령인가?"

민영환의 목소리에는 노여움보다는 안쓰러움이 더 많이 묻어 있었습니다. 펄펄 날아다녀야 하는 맹수를 우리 속에 가두어 놓은 듯, 장승업은 도무지 길들여 지지 않은 사람이었습니다.

장승업은 어려서 부모를 잃고 이곳저곳을 떠돌던 사람입니다. 이응헌이라는 부자의 눈에 들어 그림을 그리기 시작했고, 금세 천재적인 솜씨가 세상에 알려지면서 그림을 청하러 찾아오는 사람들이 골목을 가득 메우게 되었지만, 어디에도 마음을 묶어 두는 법이 없는 사람이었지요. 나중에, 그의 죽음마저도 '신선이 되어 갔다'고 할 만큼, 바람처럼 왔다 바람처럼 떠돌고 바람처럼 사라지게 될 장승업이었습니다. 그러나 이번만큼은 황제폐하의 명령이 워낙 엄하신지라 그를 이해하는 민영환으로서도 어쩔 수 없는 노릇이었습니다.

　몇 달 전 장승업은 고종황제의 명을 받고 궁궐에 불려 들어가서 병풍에 쓸 그림을 그리게 되었습니다. 미미한 신분인 화가였던 장승업에게는 큰 영광이 아닐 수 없었습니다. 다른 화가들이라면 가문의 영광이라 여기고, 동네방네 떠들고 다니며 기뻐했을 것입니다.

　그러나 장승업은 전혀 기쁘지 않았습니다. 궁궐에서는 하루 종일 꽉 조이는 관복을 입고 있어야 하고, 마음대로 다리를 뻗고 있을 수도 없습니다. 노랫가락을 들을 수도 없고 졸리다고 아무 데나 드러누워 잠을 잘 수도 없습니다. 무엇보다도 견디기 힘든 일은 마음대로 술을 마실 수 없는 것이었지요. 그런 곳이라면 아무리 화려한 궁궐이라도 장승업에게는 그저 감옥에 불과했습니다.

　그래서 장승업은 궁궐에 불려가 그림을 그리다가 도망을 쳤습니다. 물론 도망가 봤자 그를 찾아내는 것은 '누워서 식은 죽 먹기'였지요. 술집 몇 군데만 뒤져 보면 틀림없이 그가 있었으니까요. 도망가면 잡혀 오고 또 도망가면 잡혀 와 다시 궁궐에 갇힌 채 그림을 그려야만 했습니다. 그러다 장승업이 세 번째 도망갔을 때, 고종황제는 무척 화가 났습니다. 그렇지 않아도 연일 대포를 앞세운 서양 사람들이 문을 열라고 협박하고, 일본에게 시달리다 조약까지 맺는 등 나라 사정이 어수선한데, 이젠 하찮은 환쟁이까지 자신을 무시하나 싶었던 것입니다.

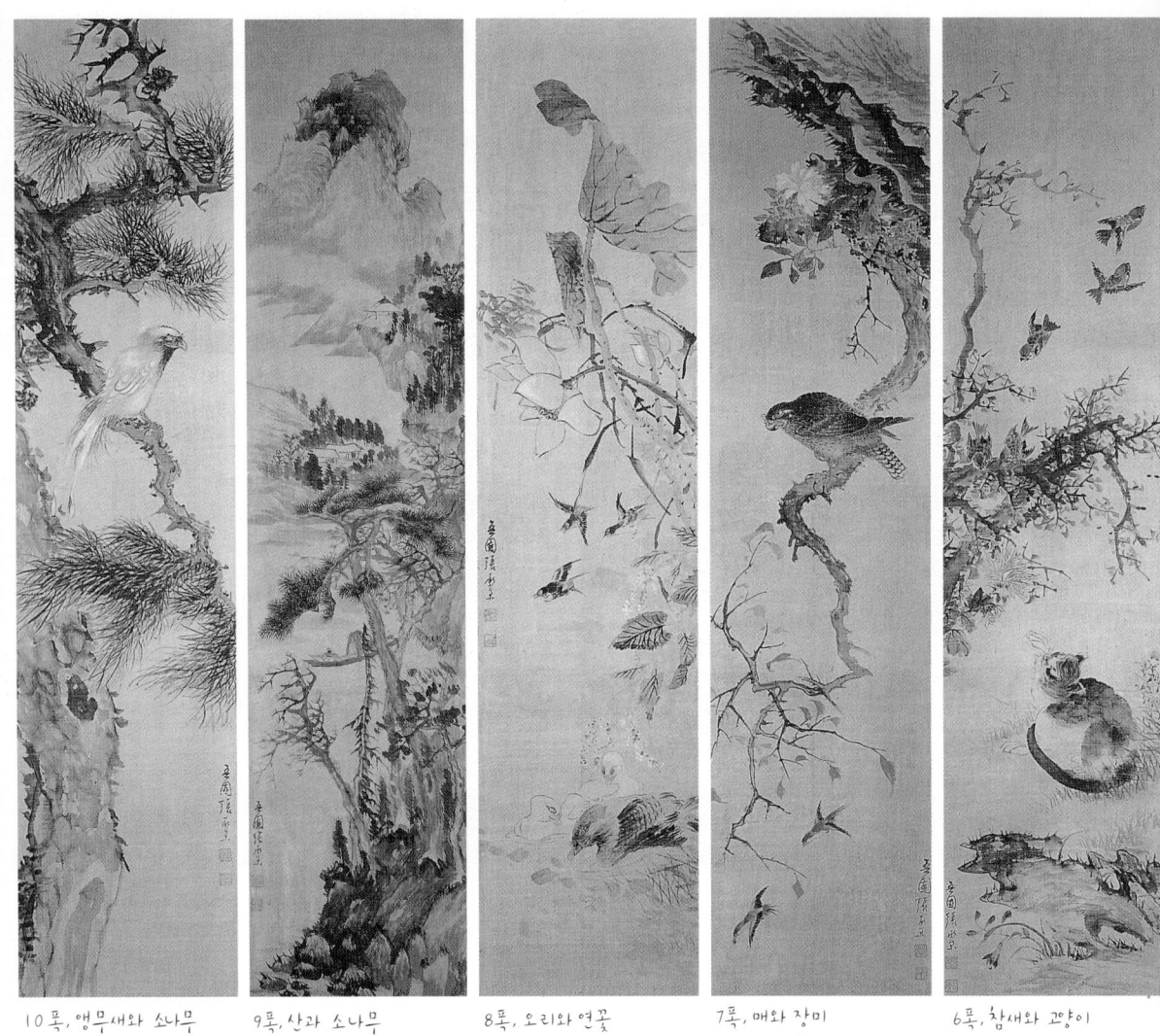

10폭, 앵무새와 소나무　　9폭, 산과 소나무　　8폭, 오리와 연꽃　　7폭, 매와 장미　　6폭, 참새와 고양이

꽃과 동물이 어우러진 10폭 병풍 ● 각 148.5×35cm │ 비단에 엷은 색

장승업의 병풍 중에서도 가장 뛰어난 기량을 느낄 수 있는 작품입니다. 동물과 새와 나무와 꽃과 물고기 등을 골고루 그린 이 병풍에서 장승업의 재주와 정성을 함께 느낄 수 있습니다.

폭, 잉어, 게와 여뀌풀   4폭, 닭과 맨드라미   3폭, 사슴과 여치   2폭, 새와 나무   1폭, 원숭이와 복숭아

"괘씸한지고! 장승업을 당장에 잡아들여 감옥에 가두라!"

이번에 잡히면 아무리 그림 잘 그리는 장승업도 살아 나가기가 힘들 것 같았습니다. 벌써 세 번째나 왕의 명령을 무시한 죄는 용서받기 어려울 것입니다. 큰일입니다. 그때였습니다. 한 사람이 나서서 고개를 수그리며 아뢰었습니다.

"폐하! 승업의 죄가 태산처럼 높지만 한 번 더 은혜를 베풀어 주시옵소서. 본래부터 술을 좋아하는지라 틀림없이 갑갑한 궁궐 생활을 견디지 못해 도망쳤을 뿐 다른 뜻은 없었을 것이옵니다. 한번만 더 기회를 주신다면 소신이 집에 가두어 두고 그림을 끝낼 때까지 책임지고 감시하겠나이다. 통촉하여 주시오소서!"

이조 참의 민영환이었습니다. 그렇게 해서 장승업은 민영환의 집에 머물게 되었습니다. 물론 날마다 정해진 양만큼 술을 주고 도망가지 못하도록 철저하게 감시했습니다. 외출하지 않은 날은 하루 종일 사랑방에 앉아 민영환이 직접 감시했습니다. 오늘도 그런 날이었습니다.

민영환은 장승업의 앉음새로 보아 오늘 작업은 이쯤에서 끝내야겠구나 싶었습니다. 앉은자리에서 술 두어 말은 거뜬히 마시는 사람에게 겨우 술 몇 잔에 만족하라는 것이 얼마나 큰 고문인가를 알기 때문입니다. 돈이고 명예고 전혀 관심이 없고, 오로지 그림과 술밖에 모르는 사람을 이젠 달래 줄 때가 됐다고 생각한 것입니다. 오늘

밤에는 술집에서 마음껏 술을 마시게 허락할 참입니다. 원 없이 마시도록 해 줘야 내일부터 다시 붓을 잡게 할 수 있을 테니까요.

"이제 그만 일어서게."

다음 생에는 원앙처럼 살아 보기를

오랜만에 돌아와 보니 집은 텅 비어 있었습니다. 오랫동안 불을 넣지 않은 방은 문을 열자마자 냉기와 곰팡내가 훅 끼쳐왔습니다.

'결국 갔군······.'

한 여인을 만나 처음 가정을 꾸렸던 곳인데 이제 그녀는 가고 없었습니다.

'어디 가서든 부디 잘 사시오······.'

장승업은 마흔이 넘어 결혼을 했습니다. 그러나 그리 오래 가지 못했지요. 궁궐에 몇 달 붙잡혀 있는 것도 견디지 못한 그에게 결혼 생활은 더 말할 것도 없는 구속이었습니다. 물론 그 여인을 사랑하지 않은 것은 아니었습니다. 다만 태어날 때부터 부모를 잃고 떠돌았던 장승업에게 누군가를 책임지는 일이 쉽지는 않았지요. 몇 날이고 몇 달이고 술집에서 살다시피 하는 장승업이었습니다. 때론 그림을 그리기 위해 계절이 바뀌도록 집을 비울 때도 많았습니다. 그런 장승업을 받아줄 만한 여자는 없었습니다.

　장승업은 민영환의 집에서도 여러 차례 도망쳐 나왔습니다. 도망치면 잡아오고 도망치면 또 잡아오고……. 그렇게 잡아오고 잡혀가기를 되풀이했지만, 끝내 병풍은 완성하지 못했습니다. 그런 장승업이었습니다.

　그러던 어느 날 집에 돌아와 보니 그녀는 떠나고 없었습니다. 그 날은 공교롭게도 가회동 이대감 댁에서 10폭짜리 병풍 그림을 주문받고 돌아오던 길이었습니다. 그 병풍은 시집갈 딸을 위한 것으로, 부귀와 권력을 한꺼번에 쥔 사람답게 이대감은 혼수 마련도 눈이 휘둥그레질 만큼 사치스럽고 고급스럽게 한다는 소문이었습니다. 그 집 안방마님은 장승업에게 그림을 주문하면서 여러 차례 부탁을 거듭했습니다. 부디 새로 인생을 시작하는 두 사람 사이가 더욱 가까워질 수 있는 그림을 그려달라고……. 물론 그림 값을 넉넉하게 주는 것도 잊지 않았습니다.

　장승업은 그 돈을 받자마자 집으로 달려왔습니다. 그림을 원하는 사람들과 어울려 술을 마시느라 몇 달 동안 집을 비운 것이 마음에 걸리기도 했지만, 불쌍한 아내에게 한 번도 남편 구실을 제대로 하지 못했던 것이 미안했기 때문입니다. 그녀 역시 장승업처럼 고아로 자란 사람이었습니다. 그러니 시집올 때도 어느 누구 하나 신경 써 주는 사람이 없었습니다. 딸의 행복을 위해 좋은 그림을 그려달라고 신신당부하는 이대감 댁 안방마님을 보았을 때 문득, 집에 혼자 있는 아내가 생각났습니다. 시집가면서 아무것도 준비할 수 없었던 그녀의 마음이 얼마나 쓸쓸했을까…….

그런 생각이 들자, 급한 마음에 달음질쳐 집에 와 보니 그녀는 이미 떠나고 없었습니다. 세상일이란 이렇게 어긋나기만 하는가 봅니다. 곁에 있을 때는 마음에 상처만 주다가 꼭 떠난 후에야 그 사람의 소중함을 깨닫게 됩니다. 뒤늦은 후회가 밀려왔지만 결코 그녀를 찾지 않으리라 생각했습니다. 어차피 다시 만난다 해도 그녀를 행복하게 해 줄 자신이 없었기 때문입니다. 그림이라면 언제든지, 마음이 움직일 때 붓을 들어도 상처를 주지 않지만 사람은 그렇지가 않기 때문입니다.

얼마나 시간이 지났을까요. 한동안 쓸쓸히 앉아 있던 장승업이 갑자기 일어나더니 색색의 물감을 개기 시작했습니다. 그리고 비단 천을 펼쳤습니다. 화려하면서도 아름답고 고운 원앙새 한 쌍을 그릴 것입니다. 원앙새는 한 마리가 죽으면 남은 한 마리가 따라 죽을 정도로 사이가 좋은 새라고 합니다. 그래서 신혼부부 방에 꼭 그려 넣는 새였습니다. 연꽃과 연밥도 함께 그릴 것입니다. 연꽃의 씨주머니 속에는 씨앗이 많이 들어 있어서 연꽃 그림에는 풍요롭게 살고 많은 자식을 낳으라는 의미가 담겨 있지요.

이 그림을 보면 서로 눈을 부라리며 큰소리를 내던 사람들도 금세

조선이 낳은 그림 천재들

원앙새와 연꽃 ● 74.9×31㎝ | 비단에 색

이 그림은 10폭으로 된 병풍 그림 가운데 하나입니다. 원앙새는 한 마리가 죽으면 다른 한 마리가 따라 죽을 정도로 사이가 좋은 새라서 신혼부부를 위해 많이 그려졌습니다.

마음이 따뜻해질 것입니다. 사랑하는 사람들은 더욱 더 가까워지게 되고 자식이 없는 사람은 많은 아이들을 낳을 것입니다.

그는 붓을 들어 연꽃이 핀 연못가와 원앙 한 쌍을 그리기 시작했습니다. 청색과 갈색, 회색이 뒤섞인 멋진 모습의 수놈은 앞쪽에 그리고 뒤따라오는 암놈은 수줍은 듯 연잎 뒤에 그렸습니다. 이 그림은 비록 대갓집 혼수품으로 가게 되겠지만, 이미 떠나 버린 아내에게 못 다 전한 마음을 담아 정성스레 그렸습니다.

살아 있는 그림 신선

'헉...!'

조석진은 그림을 보는 순간 꼭 다른 세상에 들어온 듯한 착각이 들어 자신도 모르게 숨을 멈췄습니다. 방바닥에 놓인 그림 속에는 날카롭게 각진 바위와 나무 뒤로 구불구불한 파도가 넘실대고 있었습니다. 그림 중앙에는 하얗게 피어 오른 구름을 배경으로 얼굴이 쭈글쭈글한 신선 세 명이 서로 열심히 이야기를 나누는 중입니다. 신선들 곁에는 차를 끓여야 할 어린 심부름꾼이 뭔가에 정신이 팔려 딴 곳을 쳐다보고 있습니다. 장승업의 〈세 신선이 나이를 묻다〉라는 그림입니다.

조석진이 놀란 이유는 그림 전체에서 뿜어져 나오는 어떤 기운 때문이었습니다. 그것은 어떻게 말로는 표현할 수 없는 '기운생동(氣韻生動)'이었습니다. 그림에서 느껴지는 기운이 마치 살아 있는 듯이 생생하고 멋이 있다는 뜻을 지닌 '기운생동'은 예술작품을 평가할 때 최고로 치는 기준이었습니다.

'내림그림이야, 하늘에서 재주를 준 사람만이 그릴 수 있다는 내림그림……'

노력만으로는 이를 수 없는 경지 또는 노력에 노력을 거듭하여 그 노력이 하늘의 기운을 훔칠 수 있을 정도가 되었을 때나 얻을 수 있는 경지, 그것이 기운생동이었습니다. 조석진은 알고 있었습니다. 사람들이 아무리 높게 평가한다 해도 자신의 그림 속에는 기운생동이 없다는 것을. 그런데 스승님은 기운생동을 자유자재로 부리고 있었습니다. 지난 번 변대감 댁 사랑방에서 봤던 〈매〉그림에서도 똑같은 기운생동을 느낄 수 있었으니까요.

조석진은 한없는 부러움과 절망감을 느꼈습니다. 자신은 죽었다 깨어나도 저런 그림을 그릴 수 없을 것이라는 완벽한 절망감이 바윗덩어리처럼 가슴을 짓눌렀습니다. 그런 그림들을 그려 내는 스승님은 신이고 하늘 같았습니다. 귀신이 스승님의 손을 빌려 조화를 부리는 게 아닐까 하는 생각까지 들 정도였으니까요.

"어느 날 신선 세 사람이 모였다네. 이야기를 나누던 중에 서로

세 신선이 나이를 묻다 · 삼인문년도
● 143×69㎝ | 비단에 색

각진 바위와 나무 뒤로 파도가 넘실댑니다. 하얗게 구름이 피어오르는 곳에서는 세 신선이 서로 나이 자랑을 합니다. 그림 속 신선들은 바다가 변하여 뽕나무밭이 되는 것을 열 번이나 볼 정도로 오래 살았대요.

나이 자랑을 하게 되었다지. 한 신선이 말하기를, 바다가 변해 뽕나무밭이 될 때마다 산가지 하나씩을 놓아 표시를 했는데 얼마 전에 열 개를 채웠다는 것이야. 그러니 그 노인네 나이가 도대체 몇 살이란 말이겠는가? 과장이 좀 심했지만 나이 자랑을 하려면 이 정도쯤은 되야 하지 않겠는가? 껄껄껄."

　너무 심각했던 것일까요? 장승업은 굳은 얼굴로 자신의 그림에 빠져 있는 두 제자를 놀리기라도 하듯 얼굴에 장난기를 가득 머금은 채 낄낄거리며 말했습니다. 마치 그림 속 신선이 빠져나와 장승업의 몸을 빌려 말하는 것 같았습니다.

　"스승님……."

　"말해 보게."

　"그림은 하늘이 정한, 재주 있는 사람만이 그릴 수 있는 것이옵니까?"

　역시 하고 싶은 말을 먼저 하는 사람은 안중식이었습니다. 그 또한 조석진과 똑같은 절망감을 느꼈던 것입니다. 땅 속 얼음이 풀린 지도 여러 날이 지난 오늘, 조석진과 안중식은 스승인 장승업을 찾아 왔습니다. 물론 장승업이 직접 가르친 제자는 아니었지만 가끔씩 찾아와서 그림에 대해 묻곤 하였습니다. 안중식보다 여덟 살이 많은 조석진은 말이 많지 않은 편이었고, 얼굴이 흰 안중식은 매우 적극적인 성격이었습니다.

"으하하하, 이 사람아. 내가 그걸 어찌 알겠나? 난 그저 살기 위해 붓질을 하는 것뿐일세. 살기 위해서는 밥을 먹고 숨을 쉬어야 하듯이 그림 또한 내게는 밥과 숨 같은 것이네. 내게 재주가 있는지 없는지 그런 건 모르네. 살아 있는 동안 오직 그리는 것만이 중요하지. 마치 밥을 먹는 동안 이것을 먹어야 되나 말아야 되나 고민하지 않듯이 말이야. 아니지, 아니지. 내게 있어서는 밥이 아니라 술이네 술! 하하하하."

'저런 거친 숨결을 가지신 분이 어떻게 〈원앙새〉같이 고운 그림을 그릴 수 있단 말인가……'

스승과 안중식의 대화를 듣고만 있던 조석진은 속으로 연신 감탄하고 있었습니다. 거침없는 붓질로 〈매〉를 그린 손으로 다시 가장 부드러운 〈원앙새〉를 그릴 수 있다는 사실이 믿기지가 않았습니다. 부드러움과 거침, 음산함과 기괴함을 전부 아우를 수 있는 스승의 재능. 조석진은 태산 같은 스승을 보며 그저 고개를 숙일 뿐이었습니다.

그때였습니다. 언제부터인지 다시 술을 마시던 장승업이 술병을 높이 들며 두 사람에게 말했습니다.

"그대들도 잊지 말게. 그림은 내게 술이란 말일세, 술. 그렇다면 그대들에게 그림은 무엇인가?"

 # 장승업, 술에 취하고 그림에 취하고

매·호취도 ● 135.4×55.4cm | 종이에 엷은 색
늙은 나무 위 두 마리 매. 금세라도 먹잇감을 향해 날아갈 듯한 윗가지 매와 사냥을 끝낸 듯 여유로운 아래쪽 매. 순식간에 그려낸 듯 긴장감과 속도감이 느껴진다.

꿩과 메추라기 ● 135.4×55.4cm | 종이에 엷은 색
〈매〉와 쌍을 이루는 그림으로, 거칠면서도 부드럽다. 꿩과 메추라기를 그렸던 섬세한 붓질이 앙상한 나뭇가지를 그릴 때는 힘 있고 거침없다.

좋은 말을 기르는 행복
● 124×33.6cm | 종이에 엷은 색

잘 생긴 말을 두 마리씩이나 거느린 사람이 흐뭇한 표정으로 서 있다. 몸에 갈색과 밤색이 뒤섞인 두 마리 말도 기분이 좋은 듯 웃는다.

그림 목록

안견
몽유도원도(꿈속에 여행한 복사꽃 마을)
 | 일본 덴리대학도서관 • 16
늦봄(만춘), 초여름(초하) | 국립중앙박물관 • 26
늦가을(만추), 초겨울(초동) | 국립중앙박물관 • 27

신사임당
수박과 들쥐 | 국립중앙박물관 • 34
포도 | 간송미술관 • 41
가지와 방아개비(2면), 오이와 개구리(3면),
양귀비와 도마뱀(4면) | 국립중앙박물관 • 44
맨드라미와 쇠똥구리(5면), 원추리와 개구리(6면),
접시꽃과 개구리(7면), 산차조기와 사마귀(8면)
 | 국립중앙박물관 • 45

김명국
달마도 | 국립중앙박물관 • 54
갈대를 탄 달마(노엽달마) | 국립중앙박물관 • 55
늦여름(만하) | 국립중앙박물관 • 58
매화를 찾아 떠나는 선비(탐매도) | 국립중앙박물관 • 64
거북이를 끌고 가는 수성노인(수노예구) | 간송미술관 • 64
눈 속에 길 떠나는 선비(설경산수도) | 국립중앙박물관 • 65

윤두서
자화상 | 개인 소장 • 70
버드나무 아래 선 흰 말(유하백마) | 개인 소장 • 76
말 | 국립중앙박물관 • 77
나물 캐는 여인(윤용 작품) | 간송미술관 • 80
나물 캐는 아낙네들(채애도) | 개인 소장 • 82
흐르는 물에 나물 씻기(채초세수도) | 개인 소장 • 83
과일과 채소(채과) | 개인 소장 • 83
스님 | 국립중앙박물관 • 84
말 탄 선비(마상처사) | 국립중앙박물관 • 85

정선
수박과 들쥐 | 간송미술관 • 38
단발령에서 바라본 금강산(단발령망금강)
 | 국립중앙박물관 • 91
금강산(금강전도) | 호암미술관 • 94
비 갠 인왕산(인왕제색도) | 호암미술관 • 100
만폭동 | 서울대학교박물관 • 104
박연폭포 | 개인 소장 • 105
청풍계곡 | 간송미술관 • 105
단발령에서 바라본 금강산(이인문) | 개인 소장 • 106
헐성루(김응환) | 개인 소장 • 106
영통동입구(강세황) | 국립중앙박물관 • 107
인왕산(강희언) | 개인 소장 • 107

심사정

풀잎 위의 메뚜기 | 국립중앙박물관 • 112
딱따구리 | 개인 소장 • 119
두꺼비 신선(하마선인) | 간송미술관 • 123
아기 신선이 바다를 건너다(선동도해)
  | 간송미술관 • 124
뱃놀이(선유도) | 개인 소장 • 124
깊은 밤, 강에 정박한 배(강상야박)
  | 국립중앙박물관 • 125

김홍도

서당 | 국립중앙박물관 • 131
씨름, 나룻배, 춤추는 아이, 자리 짜기, 기와 이기
  | 국립중앙박물관 • 133
봉수당에서 열린 회갑 잔치(제3폭),
한강 배다리(제8폭) | 호암미술관 • 138
한강 배다리 · 《원행을묘정리의궤》 • 139
소나무 아래 호랑이(송하맹호도) | 호암미술관 • 143
여러 신선들(군선도) | 호암미술관 • 144
스님의 뒷모습(염불서승도) | 간송미술관 • 146
나무 사이로 달빛이 흐르다(소림명월도)
  | 호암미술관 • 146
말 위에서 꾀꼬리 소리를 듣다(마상청앵)
  | 간송미술관 • 147

신윤복

연못가에서 노는 선비들(청금상련) | 간송미술관 • 158
이른 봄날의 꽃구경(연소답청) | 간송미술관 • 159
미인도 | 간송미술관 • 162
단옷날의 풍경(단오풍정) | 간송미술관 • 165
칼춤(쌍검대무) | 간송미술관 • 166
연꽃과 여인 | 국립중앙박물관 • 167
달밤의 만남(월하정인) | 간송미술관 • 167

김정희

무량수각 | 해남 대흥사 • 175
무량수각 | 예산 화암사 • 175
세한도(추운 시절) | 개인 소장 • 178
대팽두부과강채 고회부처아녀손 | 간송미술관 • 183
판전 | 서울 봉은사 • 184
잔서완석루 | 개인 소장 • 184
불이선란 | 개인 소장 • 185

장승업

꽃과 동물이 어우러진 10폭 병풍
  | 서울대학교박물관 • 192
원앙새와 연꽃 | 간송미술관 • 198
세 신선이 나이를 묻다(삼인문년도) | 간송미술관 • 201
매(호취도) | 호암미술관 • 204
꿩과 메추라기 | 호암미술관 • 204
좋은 말을 기르는 행복 | 고려대학교박물관 • 205

국립중앙박물관의 그림 사용 허가 번호는 [중박 200710-427]입니다.